JOHANNES LANGKILDE

In Zusammenarbeit mit Cathrine Errboe

Der Däne,
der nach Samoa fuhr
und seine
Familie fand

Aus dem Dänischen von Frank Zuber
und Günther Frauenlob

KNAUR

Die dänische Originalausgabe erschien 2021 unter dem Titel
»Min fætter er høvding i Samoa« bei Gyldendal.

Besuchen Sie uns im Internet:
www.knaur.de

Aus Verantwortung für die Umwelt hat sich die Verlagsgruppe
Droemer Knaur zu einer nachhaltigen Buchproduktion verpflichtet.
Der bewusste Umgang mit unseren Ressourcen, der Schutz unseres Klimas
und der Natur gehören zu unseren obersten Unternehmenszielen.
Gemeinsam mit unseren Partnern und Lieferanten setzen wir uns für
eine klimaneutrale Buchproduktion ein, die den Erwerb von Klimazertifikaten
zur Kompensation des CO_2-Ausstoßes einschließt.
Weitere Informationen finden Sie unter: www.klimaneutralerverlag.de

Deutschsprachige Ausgabe November 2022
Knaur Verlag
© 2021 Johannes Langkilde
© 2022 der deutschsprachigen Ausgabe Knaur Verlag
Ein Imprint der Verlagsgruppe Droemer Knaur GmbH & Co. KG, München
Alle Rechte vorbehalten. Das Werk darf – auch teilweise – nur mit
Genehmigung des Verlags wiedergegeben werden.
Redaktion: Maike Dörries
Covergestaltung: ZERO Werbeagentur, München
Coverabbildung: Collage unter Verwendung von Motiven
von Shutterstock.com
Satz: Adobe InDesign im Verlag
Druck und Bindung: GGP Media GmbH, Pößneck
ISBN 978-3-426-79156-1

2   4   5   3   1

Für meine aiga

Inhalt

Vorwort   9

Eine unerwartete Begegnung   13
Der Herrenhof Frederiksgave   22
Frederik Folkekær, der Volkskönig   27
Der König ist tot, es lebe der König   34
Keine Lust auf Schule   38
1864   40
Fernweh   49
Das Abenteuer beginnt   58
Walfang   66
Der Traum von einer Südseeinsel   75
Land in Sicht   81
Die Suche   85
Victor   93
Göttliches Eingreifen   97
Weißer Mann   102
Die Häuptlingstochter   108
Falese'ela   111
Liebe liegt in der Luft   119
David   130
Apia   134
Ein Sturm zieht auf   143
Amerikanisch-Samoa   147
Gott ist groß   158
Großvater   163
Häuptling Daniel   168

Chico 171

Kirchenzeit 177

Der Zugereiste 182

Tusitalaoaiga 185

In die alte Heimat 190

Das Grab 195

Wieder zu Hause 198

Begegnung mit Gott 207

Sehnsucht 210

Danksagung 213

Quellenverzeichnis 217

Vorwort

Manchmal überflügelt die Wirklichkeit die Fantasie. Ich hätte nie gedacht, dass mich die Arbeit an diesem Buch tief ins Herz einer ebenso fantastischen wie dramatischen und romantischen Geschichte führen würde, wie man sie sonst nur im Kino erlebt.

In meiner Kindheit erwähnte mein Vater hin und wieder Verwandte auf Samoa, unter denen es sogar einen Häuptling gäbe. Die Inselgruppe Samoa und Amerikanisch-Samoa lägen so weit auf der anderen Seite der Erdkugel, dass man sozusagen dorthin gelangte, wenn man im eigenen Garten ein sehr tiefes Loch graben würde.

Wir redeten nicht oft über unsere entfernten Verwandten, sodass ich in meinen jungen Jahren keinen Drang verspürte, diese Verbindung näher zu erforschen. Ich wusste, dass es sie gibt, aber nicht, welche Kultur diese Menschen pflegten, welche Werte sie hatten oder warum eine ziemlich große Gruppe von Menschen im fernen Samoa wie ich den Namen Langkilde trug.

Jetzt kenne ich die ganze Geschichte. Ich habe meine Familie kennengelernt. Und ich wünschte, das wäre früher geschehen.

Über einen Monat war ich auf Samoa und Amerikanisch-Samoa auf Entdeckungsreise, habe Gräber besucht, Häuser, Dörfer und Menschen, die mit der abenteuerlichen Geschichte verknüpft sind. Meine Expedition hat mich unter anderem in die Bucht geführt, wo der junge Hans Alfred Langkilde Ende des 19. Jahrhunderts mit seinem Schiff vor Anker lag.

Er hatte Dänemark unter dramatischen Umständen verlassen und erreichte schwimmend den Strand eines kleinen Dorfes, wo er schließlich die Tochter des Häuptlings heiratete. Als ich selbst durch diese Bucht schwamm, fühlte es sich an, als würde die Geschichte eine Schleife um mein Buchprojekt binden.

Vor den alten Grabsteinen, in die sorgsam der Name Langkilde gemeißelt war, verziert auf samoanische Weise, spürte ich jedes Mal eine enge Verbundenheit, obwohl ich nichts über das Leben dieser Menschen wusste oder ob sie in ihren Herzen noch ein bisschen dänisch waren.

Meine Expedition und die Recherche darüber, was den jungen Hans Alfred Langkilde 1869 bewog, Dänemark Hals über Kopf zu verlassen, hat dramatische Geschehnisse aufgedeckt – und eine unglaublich anmutende Liebesgeschichte in fernen Gefilden. Und sie haben mir eine neue Familie geschenkt. Eine Familie, die sowohl mich als auch Sisse und unsere beiden Kinder, Andreas und Emilie, auf eine Weise in ihre Arme geschlossen hat, die für uns bis dahin unvorstellbar war. Eine Familie, die während unseres Besuchs so berührt von meiner Aufarbeitung der gemeinsamen Vergangenheit war, dass sie mir in einer wunderbaren Zeremonie einen samoanischen Namen gegeben hat: Tusitalaoaiga. »Der über die Familie schreibt«. Robert Louis Stevenson war unter dem gleichen Namen bekannt, als er auf Samoa lebte und arbeitete. Ich trage den Namen mit Stolz.

Mein Vater hatte die Wahrheit erzählt. Ich habe einen Vetter, der Häuptling in Samoa ist. Und als ich mich aufmachte, dem allen auf den Grund zu gehen, zeigte sich einmal mehr, wie die Wirklichkeit die Fantasie in den Schatten stellen kann.

Tusitalaoaiga Johannes Langkilde

Die Geschichte von Hans Alfred Langkilde ist
nach vielen Monaten Recherche zu Papier gebracht worden.
Dafür wurden viele Archive durchforstet und zahlreiche
Gespräche mit Menschen in verschiedenen Ländern geführt.
Wir sind seinem Leben und seiner Reise dabei
sehr nahegekommen, es gibt in seiner Biografie
aber noch ein paar weiße Flecken, die wir nach
bestem Wissen und Gewissen so realistisch
wie möglich gefüllt haben.

Eine unerwartete Begegnung

Am 24. Juli 2016 nutze ich die etwa zweihundert Kilometer weite Autofahrt von Washington D. C. nach Philadelphia zum Nachdenken. Meine Gedanken kreisen aber nicht um die Präsidentenwahl, über die ich als Korrespondent des Dänischen Rundfunks beinahe täglich berichtet habe, sondern um unseren Familienhund Whiskey, der seit Wochen krank ist. Zur großen Trauer besonders meiner Kinder ist er jetzt wohl endgültig auf dem Weg in den Hundehimmel. Der Abschied fällt auch mir schwer. Whiskey gehört zur Familie. Wir haben ihn von einer Reise nach Griechenland mitgebracht, die meine Frau und ich noch vor der Geburt unserer Kinder unternommen haben. Mit einem Kloß im Hals fahre ich zu einem Auftrag, der mich unter normalen Umständen mit Spannung, Energie und Abenteuerlust erfüllt hätte.

Die USA stecken mitten in einem der dramatischsten, wegweisenden Wahlkämpfe seit Menschengedenken. Ich bin auf dem Weg nach Philadelphia zum Konvent der US-Demokraten, auf dem die Partei festlegen wird, wer in das Rennen um die Präsidentschaft einzieht. Es ist der entscheidende Teil des Wahlkampfs, bei dem sich zeigen wird, ob Hillary Clinton den in der Gunst der Parteimitglieder steigenden Senator aus Vermont, Bernie Sanders, schlagen kann.

Mit einer Mischung aus Trauer um unser geliebtes Haustier und Angespanntheit in Anbetracht meiner anstehenden Berichterstattung über diese historische Entscheidung checke ich in einem kleinen Hotel etwa zehn Minuten vom imposan-

ten Wells Fargo Center ein, wo die 4767 Delegierten vier Tage
später ihre Stimme abgeben sollen. Vor mir liegt ein wichtiges
Ereignis. Was ich zu dem Zeitpunkt noch nicht ahne, ist, dass
dieser Tag auch ein persönlicher Wendepunkt in meinem Leben sein wird.

Das Wells Fargo Center ist eine Riesenarena mit Platz für
50 000 Menschen. Die Polizei hat die Halle aufgrund von De-
monstrationen und zahlreichen Schaulustigen weiträumig
abgesperrt. Es ist schwülheiß, und ich schwitze in meinem
Anzug. In der Arena, hinter der Sicherheitskontrolle, ist es
zum Glück kühler, obwohl wir uns im Zentrum eines politischen Hexenkessels befinden.

Als Korrespondent habe ich schon bei vielen entscheidenden Begebenheiten quasi in der ersten Reihe gestanden. Mein
Arbeitsplatz ist ein Balkon auf der oberen Galerie der Halle,
umgeben von anderen Journalisten aus der ganzen Welt. Von
hier aus sende ich meine Live-Reportagen an die *TV Avisen*.
Vor der Kulisse des riesigen Saals berichte ich über den Wahl-
kampf und analysiere die Situation innerhalb der Demokrati-
schen Partei. Wenige Minuten vor der Sendung, um 18.30 Uhr
dänischer Zeit, betritt Alicia Keys die Bühne und bringt den
Saal mit ihrem Hit »Girl on Fire« zum Kochen. Es ist so laut,
dass ich fast schreien muss, damit mein Kollege Erkan Özden
im Studio und die Fernsehzuschauer zu Hause mich verstehen können.

Was offensichtlich gelungen ist, da ich am Abend eine SMS
von meinem Verwandten Kristian Märker Ehnhuus Langkilde bekomme, der mich im Fernsehen gesehen hat. Aber es
geht ihm nicht um amerikanische Politik oder Hillary Clin-
tons Chancen.

Er schreibt: »Weißt du eigentlich, dass du dich gerade im
selben Gebäude befindest wie unser Vetter Fagafaga Daniel
aus Amerikanisch-Samoa? Er ist einer der Delegierten.«

Amerikanisch-Samoa ist ein Außengebiet der USA und hat somit auch Einfluss darauf, wen die Parteien als Präsidentschaftskandidaten aufstellen. Daniel ist also einer der 4767 Menschen, die die Resultate der Abstimmungen in allen amerikanischen Teilstaaten und Außengebieten weitergeben sollen.

Ich brauche ein paar Augenblicke, um die Bedeutung von Kristians SMS zu verstehen. Vetter Daniel? Aus Amerikanisch-Samoa? Also *der* Daniel? Der Häuptling?

Von meinem Vater wusste ich, dass es in meiner weitverzweigten Familie eine exotische Verbindung zur Südseeinsel Samoa und deren Schwesterinsel Amerikanisch-Samoa gibt. Und dass diese Verbindung etwas mit einem jungen Dragonerleutnant namens Hans Alfred Langkilde zu tun hat, der vor 150 Jahren aus Dänemark floh und auf Samoa landete, wo er die Tochter eines Häuptlings heiratete. In meiner Kindheit verschmolz diese Geschichte manchmal mit Abenteuergeschichten aus Donald Duck oder *Fünf Freunde*. Für mich war sie eine Mischung aus Mythos und Fiktion, allenfalls mit einem Hauch von Realität. Mehr, als dass es im samoanischen Zweig unserer Familie angeblich noch weitere Mitglieder gab, die es zum Häuptling gebracht hatten, wusste ich nicht.

Ich hatte schon immer den vagen Plan, mich eines Tages dieser familiären Verbindung zu der weit entfernten Südseeinsel zu widmen, aber als Kind und Jugendlicher hatte ich andere Prioritäten gesetzt. Danach belegten mich Job und Familie so mit Beschlag, dass ich nichts unternahm.

An diesem Tag in Philadelphia aber wollte mir das Schicksal offensichtlich einen Schubs geben und mich mit einem Vetter zusammenbringen, den ich schon immer treffen wollte. Einer der vielen Nachkommen Hans Alfred Langkildes und der lebende Beweis dafür, dass der Familienmythos wenigstens in gewissen Punkten der Wahrheit entspricht.

Ich schreibe zurück, dass ich Daniel natürlich unbedingt treffen möchte, und Kristian teilt mir in einer weiteren SMS dessen Handynummer mit.

Die folgende SMS ist vielleicht eine der wichtigsten in meinem Leben: »Hej Daniel«, schreibe ich und dass ich zum dänischen Zweig der Familie Langkilde gehöre und mich freuen würde, wenn er Zeit für ein Treffen hat. Er antwortet direkt und schreibt, dass er wie ich nicht geahnt hat, sich in unmittelbarer Nähe eines Familienmitglieds zu befinden. Er schlägt ein Treffen am nächsten Tag vor, wenn er wieder ins Wells Fargo Center kommt.

Am Abend im Hotelzimmer kann ich kaum einschlafen. Fast vergesse ich die Sorge um unseren Hund oder die Tatsache, Alicia Keys bei diesem historischen Ereignis gehört zu haben. Ich denke nur noch daran, dass ich morgen den Menschen treffe, der mein Leben lang wie eine Mischung aus Mythos und Abenteuerheld durch mein Bewusstsein gegeistert ist.

Der Weg durch die Sicherheitskontrolle ist nicht weniger beschwerlich als am Vortag, aber heute ist es mir ziemlich egal. Daniel und ich haben uns auf dem Flur vor dem riesigen Saal verabredet, unweit des Abschnitts, den die Delegation aus Amerikanisch-Samoa für die Abstimmung zur Verfügung gestellt bekommen hat. Ich habe Jacob Lorenzen, den in Washington D. C. ansässigen, festen Kameramann des Dänischen Fernsehens und Teil unseres Teams in Philadelphia, gefragt, ob er Zeit hat, mich zu begleiten, um unsere Begegnung zu filmen.

Als Daniel dann endlich in Begleitung seiner Frau und seines Sohnes auf uns zukommt, ist er wirklich nicht zu verkennen. Instinktiv empfinde ich eine große Nähe zu dem lächelnden Mann, eine unmittelbare Verbindung, noch bevor er den Mund aufmacht und uns begrüßt. Daniel ist fast zwei Meter groß und kräftig, seine gepflegten, grauen Haare betonen seine samoanisch bronzene Haut. Er hat einen großen Kopf, sanfte Gesichtszüge und lächelnde Augen, trägt eine dunkelgrüne Anzugjacke und ein weißes Hemd. Um seinen Hals hängt eine traditionelle samoanische Blätterkette, die Frieden symbolisiert, Zugehörigkeit, Liebe und Respekt. Diese Ketten werden in Samoa von Männern und Frauen getragen und als Symbol der Freundschaft verschenkt. Daniels Kette ist aus Blättern der tropischen Keulenlilie gebunden, und er hebt sich in jeglicher Hinsicht von den Pressevertretern ab, die sich an uns vorbeischieben. Er sieht aus wie ein Häuptling, ohne dass ich genau benennen könnte, was einen Häuptling ausmacht.

Offensichtlich hat sich auch Daniel auf unser Treffen gefreut. Wir begrüßen uns herzlich. Seine Stimme ist tief und ruhig, und der sonore Klang gibt einem das Gefühl grenzenloser Geborgenheit. Dieser Mann hat alles unter Kontrolle. Alles ist gut.

Daniel ist in jeder Hinsicht ein großer Mann. Er strahlt Würde aus, Liebe, Charakter, Humor, Weisheit und Herzenswärme. Es ist wahrlich überwältigend, ihn zu treffen. Mein Kollege Jacob filmt unsere Begegnung, und in meinem Kopf häufen sich die Fragen. Wie eng sind wir verwandt? Kennt er Dänemark? Ist er tatsächlich Häuptling? Was heißt es, Häuptling zu sein, und wie ist es eigentlich auf Samoa?

»Wir sind ziemlich eng verwandt«, sagt Daniel. »Wenn ich unseren Stammbaum richtig im Kopf habe, sind wir Vettern vierten oder fünften Grades«, fährt er fort.

Lachend betone ich noch einmal, wie fantastisch es ist, ihn zu treffen, und dann nehmen wir uns in die Arme. Daniel lacht sein tiefes, charakteristisches Lachen.

Ich frage, wie man seinen Vornamen ausspricht, und erfahre, dass man ein »n« hinzufügen und am Ende ein langes »a« sprechen muss – Fangafangaa.

»Das ist aber kein Vorname, sondern mein Häuptlingstitel«, sagt Daniel.

»Was heißt es eigentlich, Häuptling zu sein?«, frage ich.

Er antwortet, dass er sich als Oberhaupt der Langkilde-Familie um den Grundbesitz der Verwandtschaft in Amerikanisch-Samoa kümmert.

»Dann heißt du in Wirklichkeit Häuptling Daniel?«, frage ich und fühle mich wie Donald Duck, der in einer Geschichte den Häuptling einer Südseeinsel trifft. Mit dem Unterschied, dass ich einem Blutsverwandten in einer überfüllten Sporthalle in den USA gegenüberstehe – ein durch und durch verrückter Moment.

»Wenn ich nach Amerikanisch-Samoa komme, bin ich dann ein kleiner Häuptling?«, frage ich lachend und voll kindlicher Freude.

»Dann stehst du unter meinem Schutz«, antwortet Daniel, und trotz meiner Unwissenheit spüre ich, dass ein Häuptling wichtiger und einflussreicher ist, als ich es mir vorgestellt habe. Es ist nicht nur ein lustiger Titel, sondern eine verantwortungsvolle Position. In diesem Moment wird mir klar, dass ich mein langjähriges, vages Vorhaben, Samoa und Amerikanisch-Samoa zu besuchen, unbedingt in die Tat umsetzen muss. Was ich für eine Räuberpistole gehalten habe, wird in Gestalt dieses großen, ruhigen, würdigen Mannes, der mich über unseren Verwandtschaftsgrad aufklärt, zur Realität. »Wie viele Langkildes gibt es denn in Amerikanisch-Samoa?«, frage ich.

»Etwa sechzig«, antwortet er, und ich muss wieder laut lachen. »Das ist ja fast eine ganze Insel voll Langkildes«, antworte ich, und Daniels Bariton mischt sich in mein Lachen. Zu den rund sechzig Langkildes kommen noch mehr als hundert weitere Nachkommen von Hans Alfred, die durch Heirat andere Namen angenommen haben, aber trotzdem noch zur Familie gehören und somit unter Daniels Schutz stehen, wie er es ausdrückt.

»Was würdest du mir zuerst zeigen, wenn ich euch mal besuchen komme?«, frage ich.

»Gosh«, antwortet er. »Unsere Kultur, natürlich, und wie wir auf Amerikanisch-Samoa leben. Das ist ziemlich anders als in Dänemark. Allein die Natur der tropischen Insel, dem wohl schönsten Außengebiet der USA.«

Ich frage ihn, ob er und die anderen Langkildes sich ihrer dänischen Wurzeln bewusst sind.

»Aber sicher«, antwortet er. »Wir sind uns dessen absolut bewusst, und wir tragen unseren Nachnamen mit Stolz. Wir sprechen ihn Lan-kii-le aus.«

Daniel erzählt mir auch, dass er in Amerikanisch-Samoa eine Fernsehstation leitet. Außerdem spielt und singt er in einer Band mit anderen Mitgliedern der Langkilde-Familie. Die Gemeinsamkeiten zwischen uns sind beinahe beängstigend. Immerhin stehe ich als Journalist und langjähriger Musiker vor ihm.

Nach zwanzig Minuten angeregter Unterhaltung muss Daniel in den Saal, um seiner Pflicht als Delegierter nachzukommen. Ich würde gerne mehr Zeit mit meinem neu gefundenen Vetter verbringen und ihm noch viele Fragen stellen. Der Gedanke, dass er nach Amerikanisch-Samoa zurückkehrt, ohne dass wir uns noch einmal sehen, verdrießt mich. Andererseits habe ich innerlich längst den Entschluss gefasst, so bald wie möglich eine Reise nach Samoa zu machen, was den Abschiedsschmerz lindert.

Wir umarmen uns mit der gegenseitigen Versicherung, dass diese unerwartete und fantastische Begegnung kein Zufall sein kann. Das Schicksal hat uns zwischen Dänemark und Amerikanisch-Samoa zusammengeführt, in Philadelphia, USA. Und wir werden uns mit Sicherheit wiedersehen.

Der Parteitag ist eine große Bühne. Für bekannte Musiker ebenso wie für renommierte Politiker, die in ihren Reden keinen Zweifel daran lassen, dass die Demokraten gegen die Republikaner – insbesondere diesen aufgeblasenen Businessman Trump, der alle überrascht hat – gewinnen werden. Die First Lady, Michelle Obama, hält eine Rede, in der sie mit überzeugender Vehemenz und ungeheurer Ausstrahlung den berühmten Satz ausspricht: »When they go low – we go high.« Wenn sich die anderen nicht benehmen können, antworten wir mit Anstand und Stil.

In den vier Tagen in Philadelphia habe ich viele Liveschaltungen für Fernsehen und Radio. Von meinem Arbeitsplatz auf dem vollen Medienbalkon schweift mein Blick ungehindert über die Menschenmenge unten im Saal, und als die 4767 Delegierten die Abstimmungsresultate der 50 amerikanischen Teilstaaten und fünf Außengebiete verkünden sollen, steht jeweils der Vorsitzende der Delegation auf und gibt bekannt, ob in seiner Region Hillary Clinton oder Bernie Sanders die meisten Stimmen erhalten hat. Als Amerikanisch-Samoa an der Reihe ist, erhebt sich Fagafaga Daniel Langkilde, nimmt das Mikrofon und gibt mit tiefer, ruhiger Stimme bekannt, dass Amerikanisch-Samoa Hillary Clinton gewählt hat.

»Der Mann da unten ist mein Vetter«, sage ich zu einem amerikanischen Kollegen, während ich auf die vielen Bildschirme zeige, die das aktuelle Programm von CNN, Fox News und den anderen Nachrichtensendern zeigen. Ich glaube nicht, dass er versteht, was ich meine, aber ich selbst platze fast vor Stolz.

Nach dem letzten Abend fahre ich heim nach Washington zu meiner Familie und unserem kranken Hund. Nicht selten bin ich in Gedanken noch bei der Arbeit, wenn ich nach Hause komme, doch dieses Mal ist alles anders. Meine Gedanken sind nicht bei Hillary Clinton, sondern bei Fagafaga Daniel. Ich parke den Wagen vor unserem Haus und kann es kaum erwarten, Sisse und den Kindern die Bilder von Daniel zu zeigen und von unserer Begegnung zu erzählen. Danach sind wir uns alle einig, dass dies ein Zeichen ist. Wir müssen nach Samoa, sobald sich die Gelegenheit bietet. Wir müssen auf Entdeckungsreise gehen, und es steht außer Frage, dass ich ein Buch über diesen abenteuerlichen Zweig der Langkilde-Familie und ihre Geschichte schreiben werde.

Ich denke bereits an die Archive, die ich durchstöbern werde, und an die vielen Stunden und Tage, die es dauern wird, die Geschichte von Hans Alfred Langkilde zum Leben zu erwecken. Während andere rechercheintensive Arbeiten mir manchmal die Luft abschnüren, kann ich es dieses Mal kaum erwarten.

Der Herrenhof Frederiksgave

Frederich Christopher Langkilde schwang die Feder und setzte seine Unterschrift mit schwarzer Tinte auf das dicke Papier. Die Stimmung war festlich, als man ihm daraufhin die schweren Schlüssel zu Frederiksgave überreichte, einem stattlichen Herrenhof sieben Kilometer südöstlich von Assens auf Fünen.

Der Hof diente als Sommerfrische der Könige und Kronprinzen, die im Schloss von Odense residierten. Mehrere hatten sich als Pächter beworben, doch das Glück war mit dem jungen Langkilde.

Man schrieb das Jahr 1843, und der dreiundzwanzigjährige Pächter konnte stolz auf sich sein. Sein neuer Titel fügte sich gut in die Reihe erfolgreicher Langkildes. Die wohlhabende Familie besaß oder pachtete mehr als dreißig große Güter und Herrenhöfe auf Fünen und den umliegenden Inseln.

Obwohl die Langkildes eigentlich Bauern waren, bezeichneten sie sich gern als Proprietäre. Sie waren ein stolzes Geschlecht, dessen Selbstbewusstsein ebenso groß wie ihre Ländereien war, was manch einem missfiel.

Es ging das Gerücht, der junge Frederich Christopher Langkilde habe die Pacht nur bekommen, weil er ein unehelicher Sohn Christians VIII. sei. Zwar war Langkilde noch so jung, dass ein Notar dem Abschluss des Vertrags beiwohnen musste, aber ein Königssohn war er nicht. Sein Vater hieß Hans Langkilde und war ebenfalls ein wohlhabender Mann gewesen. Er war sieben Jahre zuvor verstorben, doch sein Erbe ermöglichte es Frederich Christopher, für die Pacht zu bieten. Unterstützt wurde er von seiner Mutter Anna Margrethe Langkilde, die für ihn bürgte.

Als Pächter von Frederiksgave wollten Langkilde und seine Frau Elisabeth Margrethe dort wohnen. Der Vertrag umfasste eine 602 Quadratmeter große Pächterwohnung, die eine liebevolle Hand erforderte. Bald zog das frisch verheiratete Paar in das rote Backsteinhaus ein.

Frederiksgave war eine große Gutsanlage. Neben dem prächtigen Herrenhaus gab es dort Stallungen, Zuchtställe, eine Scheune, eine Schmiede, eine Wassermühle, eine Spinnerei, ein Sanitärgebäude, ein Forsthaus sowie ein Kavaliershaus und weitere Wohngebäude für den Tierarzt und den Verwalter. Auf den zugehörigen Ländereien wohnten Pachtbauern und Häusler.

Zu Langkildes Pflichten als Pächter gehörte es unter anderem, den königlichen Haushalt mit Butter, Milch und Sahne zu beliefern sowie Tiere und Dienstleute zur Verfügung zu stellen, wenn sich die königliche Familie dort einfand, um zur Jagd zu gehen oder Ferien zu machen.

Ein Jahr nach der Übernahme, am 23. Januar 1844, gebar Margrethe ihren ersten Sohn, den sie nach Frederich Christophers Vater auf den Namen Hans Alfred tauften. Zehn Monate später folgte der zweite Sohn, den sie Peter nannten.

Im Alltag war Frederiksgave ein riesiger Landwirtschaftsbetrieb mit Ackerbau und Viehzucht aller Art. Es wurden viele Bedienstete benötigt, 1845 waren es gut fünfzig Personen, darunter Knechte, Kutscher, Jäterinnen, Küchenmägde, Dienstmädchen, Näherinnen, Ammen, Ober- und Unterkindermädchen, eine Haushälterin und eine Haushaltsverwalterin.

Das Leben auf dem Gut nahm seinen Lauf, und in der geräumigen Privatwohnung der Pächter wuchs die Familie. Neben Peter bekam Hans Alfred noch acht weitere Geschwister:

Anna, Victor, Carl, Rudolph, Dagmar, Ernst, Elisabeth und Frederik. Die meisten von ihnen wurden im Abstand von einem Jahr oder weniger geboren.

Neben der Kindeserziehung musste Elisabeth Margrethe als Pächtersfrau auch für die Verköstigung der vielen Angestellten sorgen, und obwohl sie in der Privatwohnung drei Dienstmädchen und mehrere Kindermädchen hatte, war sie von morgens bis abends beschäftigt.

Für Hans Alfred war Frederiksgave ein Paradies auf Erden. Im Sommer waren die Teiche voller Frösche und Salamander, und auf dem Heuboden gab es immer junge Kätzchen. Der Herrenhof war von einem gepflegten Park umgeben, der wiederum von Wäldern mit Kletterbäumen und Höhlen gesäumt war, in denen man sich vor der Welt verstecken konnte. Das Anwesen bot jede Menge Entdeckungen und Abenteuer für Hans Alfred und seinen kleinen Bruder Peter. Oft waren sie den ganzen Tag im Wald, auf den Feldern oder am Strand, wo sie Steine auf dem Wasser springen ließen, im Kleinen Belt badeten und schwimmen lernten.

Darüber hinaus war Hans Alfred ein Pferdenarr. Er verbrachte viel Zeit in den großen Ställen von Frederiksgave, striegelte und streichelte die großen Tiere – selbst junge, noch nicht zugerittene Hengste, um die die Stallknechte einen großen Bogen machten. Das Schönste war jedoch, auf dem breiten Rücken eines Arbeitspferdes zu liegen und die Wärme und den regelmäßigen Herzschlag zu spüren.

Hans Alfred war noch ziemlich jung, als er sein erstes Pferd bekam. Sein Reitlehrer war begeistert vom Talent des Jungen, und schon bald durfte er allein durch die großen Ländereien reiten. Im Sattel fühlte er sich unbesiegbar. Er liebte das Gefühl im Bauch, wenn das Pferd über die Felder galoppierte, und in seiner Fantasie ließ er alle Verfolger hinter sich und entkam bösen Rittern, feindlichen Soldaten oder wilden Indianern.

Frederich Christopher Langkilde betrachtete seinen Sohn und strich sich nachdenklich durch den Bart. Sosehr der Junge die Reitstunden und die harte Arbeit im Stall mochte, so wenig Interesse zeigte er am Schulunterricht, der zu Hause stattfand. Selbst die tüchtigsten Hauslehrer aus dem In- und Ausland, die abwechselnd bei der Familie wohnten und die wachsende Kinderschar in Dänisch, Deutsch, Latein, Französisch, Geschichte und Mathematik unterrichteten, vermochten nicht das Interesse des ältesten Sohnes zu wecken. Oft musste der Vater herbeigerufen werden, um Hans Alfred zu disziplinieren, was das Verhältnis der beiden belastete.

Pächter Langkilde war ein angesehener und beliebter Mann. Er bekleidete einen hohen Rang bei den Freimaurern und trat stets diskret auf. Er schätzte sein Privatleben und traf nur selten seine sieben Geschwister, die über andere Güter und Herrenhöfe in der Gegend verteilt waren. Langkilde blieb lieber zu Hause und konzentrierte sich auf seine primären Aufgaben als Pächter und Versorger der Familie. Wenn er einmal nicht arbeitete, betrieb er auf professionelle Weise archäologische Ausgrabungen auf den Ländereien seines Guts.

Langkilde war ein Anhänger der alten Tugenden – Pflicht und Verantwortung hingen für ihn unauflösbar zusammen. Ihm war bewusst, dass Frederiksgave der Mittelpunkt im Leben vieler Familien und anderer Ortsansässiger war, weshalb er stets allen Gemeindemitgliedern freien Zugang zum Park und den Wäldern des Herrenhofs gewährte.

An Weihnachten sorgte er jedes Jahr dafür, dass die ärmsten Familien eine finanzielle Unterstützung bekamen, doch er verriet nie, dass das Geld aus seiner Tasche stammte. Langkilde besaß von Natur aus die Gabe, mit Menschen jeden

Standes umzugehen, und viele seiner Leute blieben ihr gesamtes Arbeitsleben bei ihm.

Als Pächter des königlichen Hofes bekam er oft die Gelegenheit, Kronprinz Frederik zu treffen, der das Amt seines Vaters als Statthalter von Fünen und Langeland übernommen hatte. Frederik wohnte mit seiner zweiten Ehefrau, Caroline Marianne von Mecklenburg-Strelitz, im Schloss von Odense, doch im Sommer zog es ihn oft nach Frederiksgave.

Frederik Folkekær,
der Volkskönig

In seiner Zeit als Pächter von Frederiksgave knüpfte Langkilde ein enges Band zu dem umstrittenen Kronprinzen Frederik. Dieser hatte in den erlauchten Kreisen Kopenhagens einen eher schlechten Ruf, weshalb man ihn nach Fünen geschickt hatte. Dort, so hoffte man, würde der lebenslustige Thronfolger, der für etliche Skandale bekannt war, ein wenig zur Ruhe kommen.

In den Augen der Aristokratie und Elite war Frederik ein degenerierter, fauler und trunksüchtiger Aufschneider. Selbst sein Vater, König Christian VIII., fürchtete um die Zukunft des Landes, wenn der Kronprinz eines Tages den Thron besteigen sollte.

Prinz Frederik kam am 6. Oktober 1808 im Schloss Amalienborg zur Welt. Die Kindersterblichkeit war hoch, und König Frederik VI. hatte bereits sechs von acht Kindern verloren. Die zwei Überlebenden Caroline und Vilhelmine konnten nach damaligem Gesetz als Frauen nicht auf den Thron folgen. Das Erbrecht fiel somit an den Cousin des Königs, Christian Frederik, den späteren König Christian VIII. Als die Frau des Erbprinzen einen Sohn gebar, galt dies als großes Glück.

Prinz Frederiks Mutter war die lebhafte Charlotte Frederikke, Herzogin zu Mecklenburg-Schwerin. Obwohl die Ehe mit dem dänischen Erbprinzen – der ihr Cousin war – von beiden Seiten freiwillig geschlossen wurde, hielt sie nicht lange. Das Zusammenleben des Thronfolgerpaares gestaltete sich wegen Seitensprüngen auf beiden Seiten zunehmend schwierig.

Der Prinz verbarg seine Eskapaden nicht. Das musste er auch nicht, denn von Regenten wurde es akzeptiert oder sogar erwartet, dass sie Konkubinen und außereheliche Kinder hatten. Für ihre Ehefrauen galt jedoch das Gegenteil. Als herauskam, dass Charlotte Frederikke eine Affäre mit ihrem Gesangslehrer, dem gefeierten Schweizer Komponisten und Konzertmeister Jean Baptiste Edouard du Puy, hatte, bekam dieser zwei Stunden Zeit, um seine Sachen zu packen und nach Schweden zu verschwinden.

Prinz Frederik war erst ein Jahr alt, als sein Vater die Scheidung von seiner Mutter verlangte, und da der königliche Nachwuchs dem Königshaus gehörte, wurde nicht einmal in Erwägung gezogen, dass der Junge seiner Mutter folgen sollte. Charlotte wurde nach Jütland verbannt, wo sie in Hausarrest saß, den sie nur mit Erlaubnis des Königs verlassen durfte. Sie hielt durch Briefe und Geschenke den Kontakt zu ihrem Sohn aufrecht, doch sollten fast zwanzig Jahre vergehen, ehe sich die beiden wiedersahen.

Während Lehrer und Professoren ihr Bestes taten, um dem jungen Prinzen Bildung und Manieren einzutrichtern, hatte König Frederik VI. seine liebe Not, Dänemark auf Kurs zu halten. Die Nachwirkungen der Französischen Revolution erschütterten auch den Norden und rüttelten am Fundament des Adelsstandes und der Monarchie.

Die Napoleonischen Kriege hatten die damaligen Staaten in zwei Lager gespalten. Am Ende stand Dänemark im Norden allein an Napoleons Seite, und nachdem das schwedisch-russische Heer 1813 Holstein eingenommen hatte, ging der dänische Staat bankrott. Im Kieler Frieden von 1814 musste es Norwegen an Schweden abtreten und verlor somit endgültig die Vormachtstellung in Nordeuropa.

Erbprinz Christian machte sich derweil beim König unbe-
liebt, indem er als dänischer Statthalter in Oslo Norwegens
Wunsch nach Demokratie unterstützte. Frederik VI. versetzte
ihn daraufhin nach Fünen, wo er als Statthalter wenig Einfluss auf die nationale Politik hatte. Der kleine Prinz Frederik
zog mit seinem Vater ins Schloss von Odense. Kurz darauf
heiratete Christian wieder und begab sich mit seiner zweiten
Frau Caroline Amalie von Schleswig-Holstein-Sonderburg-
Augustenburg auf eine dreijährige Reise. Frederik blieb allein
in Odense zurück.

Die Professoren, die den jungen Prinzen unterrichteten
sollten, waren verzweifelt. Die einzigen Fächer, die ihn offenbar interessierten, waren Gymnastik und Archäologie. Wenn
der Unterricht vorbei war, wurde Frederik von Kindermädchen und Spielkameraden beaufsichtigt. Eine Bedienstete des
Schlosses brachte manchmal ihren Sohn mit zur Arbeit, der
drei Jahre älter als Frederik war. Er hieß Hans Christian Andersen und sollte einmal ein weltberühmter Dichter und
Schriftsteller werden.

Trotz seiner noch jungen Jahre ruhten große Erwartungen auf
Frederiks Schultern. Der zukünftige Thronfolger empfand
dies als ebenso große Last wie die Hofetikette und verdrängte
den Druck mit Alkohol und Vergnügen. Als er siebzehn war,
beschlossen der König und seine Ratgeber, ihm eine Ehefrau
zu suchen. Zu diesem Zweck bestimmte Frederik VI. seine
jüngste Tochter, Prinzessin Wilhelmine von Dänemark.

Die Zwangsverlobung war eine lieblose, rein praktische
Angelegenheit, die von Anfang an zum Scheitern verurteilt
war. Braut und Bräutigam waren zwanzig Jahre alt, als sie am
1. November 1828 in der Schlosskirche von Christiansborg
getraut wurden. Sie zogen in ein Palais in Amalienborg, und
alle Augen waren auf das junge Paar gerichtet.

Die Monate vergingen, aber es war kein Erbe in Sicht. Das Leben an Prinz Frederiks Seite war kräftezehrend für die junge Prinzessin, die einiges von ihrem trinkfreudigen und untreuen Ehemann ertragen musste. In den schlimmsten Augenblicken musste sie gar um ihr Leben fürchten, und nach mehreren unglücklichen Jahren gab Wilhelmine auf.

Der König kochte vor Wut. Er annullierte die Ehe und verbannte seinen Ex-Schwiegersohn zuerst nach Schloss Jægersborg und dann nach Fredericia. Um es nicht allzu peinlich zu machen, ernannte er ihn zum Generalmajor. Frederik empfand das Leben in Jütland jedoch keineswegs als Strafe. Dort konnte er tun und lassen, was er wollte, und die Bürger der Stadt liebten den geselligen, unversnobten Prinzen, der die Freiheit fern vom Hof genoss und einlud, wen er wollte. Allen voran seine Herzensfreundin Louise Rasmussen.

Am Hof in Kopenhagen kursierten viele Geschichten über die Eskapaden des frivolen Prinzen. Die meisten hielten ihn für unfähig, einmal König zu werden. Doch zunächst einmal war Frederiks Vater an der Reihe.

Als Frederik VI. 1839 nach 55 Jahren Regentschaft starb, wurde Christian VIII. zum König ausgerufen, womit Frederik der neue Kronprinz war. Mit dem Titel folgten neue Pflichten und mehr Verantwortung, doch der geschiedene Kronprinz bot weiterhin Anlass zur Sorge. Nicht nur wegen seines Lebenswandels, sondern auch wegen der Tatsache, noch keinen Erben gezeugt zu haben, womit die Oldenburgische Linie in Dänemark auszusterben drohte.

Frederik war inzwischen über dreißig und hatte zahlreiche weibliche Bekanntschaften, von denen keine für eine Ehe infrage kam. Alle wussten von der langjährigen Liaison des Kronprinzen mit der früheren Balletttänzerin Louise Rasmussen. Christian VIII. und sein Ministerrat taten ihr Bestes, um das Verhältnis auszubremsen, und begaben sich auf die Jagd nach einer passenden Prinzessin, Fürsten- oder Herzogstocher. Ihre Wahl fiel auf die zwanzigjährige Caroline Marianne, Tochter des Großherzogs Georg I. von Mecklenburg-Strelitz. Die Ehe bereitete kein politisches Neuland, sondern stärkte ein altes Band. Zum zweiten Mal musste Frederik zusehen, wie andere eine Heirat für ihn arrangierten.

Am 10. Juni 1841 wurde das Paar in Neustrelitz getraut, und nach der Hochzeit segelten sie auf dem Dreimaster »Christian VIII« nach Kopenhagen, wo sie ein pompöser Hochzeitszug erwartete. Nach den Festlichkeiten wurde Caroline Marianne in ihr neues Heim im Schloss von Odense geführt. Nur wenige Stunden entfernt lag die Sommerresidenz Frederiksgave.

So extrovertiert und polterig der Kronprinz war, so empfindsam war seine junge Frau, die schon bald vollkommen sich selbst überlassen war in einer Ehe, die nicht einmal den äußeren Schein von Erfolg vorgaukelte. Der Kronprinz unternahm nichts, um seine Frau an sich zu binden, und sie fühlte sich von seinem derben und lärmenden Auftreten abgestoßen. Eines Nachts wurde sie aus dem Schlaf gerissen, als Frederik ohne jede Scham Louise Rasmussen in ihr Schlafzimmer brachte und sie als seinen »Schutzengel« vorstellte.

Nach drei Jahren war ihr Zusammenleben beendet, und während die Leute des Königs noch über eine Summe verhandelten, um den Mund der verschmähten Ehefrau zu schließen, hatte der Kronprinz Louise Rasmussen längst in seiner Nähe untergebracht.

Als Pächter der königlichen Sommerresidenz war es Langkildes Aufgabe, eine angemessene Wohnstatt für die Liebhaberin des Kronprinzen zu finden. Das schmucke Forsthaus in Frederiksgave schien dafür wie geschaffen. So hatte es der

Kronprinz nicht weit, wenn er seine Pflichten im Schloss von Odense überstanden hatte.

Der junge Hans Alfred ahnte nichts von der königlichen Affäre und dem Ärger um Louise Rasmussen. Sein Vater hatte ihm und seinen Geschwistern zwar verboten, sich der königlichen Familie oder ihren Gästen zu nähern, sie bekamen aber trotzdem immer mit, wenn Besuch da war.

Die Kinder auf dem Gut hatten ihr eigenes Netzwerk aus Spähern und Boten. Sobald sich eine der feinen königlichen Kutschen näherte, wusste Hans Alfred Bescheid.

Von seinem Versteck am Wegesrand erhaschte er immer wieder Blicke auf den weiblichen Gast. In Hans Alfreds Augen war sie eine alte Frau, und wenn sie mit ihrem Taschentuch winkte und eine Grimasse zog, konnte er sich das Lachen nicht verkneifen. Sie war nicht so fein und hochnäsig wie viele andere Gäste in Frederiksgave.

Louise Rasmussen gehörte zu den wenigen Personen, die den Kronprinzen im Griff hatten. Das Problem war, dass der König und sein Hofstaat sie nicht leiden konnten. »Sie ist so furchtbar hässlich!«, sagte Christian VIII. einmal über die große Liebe seines Sohnes, die mit ihren groben Gesichtszügen und ihrer niederen Herkunft die höfischen Konventionen nicht erfüllte.

Die Gerüchte gingen durch das ganze Land. Die Elite distanzierte sich von der »proletarischen Dirne«, doch das Volk liebte die Geschichten von dem armen Mädchen, das das Herz des Kronprinzen erobert hatte. In den Straßen der Hauptstadt erklangen Schmählieder, und Revuen verhöhnten die Liebschaft des Königssohnes, aber wenn Frederik und Louise durchs Land reisten, war die Stimmung eine andere. In der Provinz wurden sie von Jubelrufen und einer begeisterten Volksmenge begrüßt, die ihre Liebe guthießen. Die Geschichten und Gerüchte erreichten natürlich auch Frederiksgave, aber Langkilde nahm davon Kenntnis, ohne eine Miene zu verziehen. Wenn seine Leute tratschten, brachte er sie mit einem freundlichen, aber bestimmten Räuspern zum Schweigen.

Der Pächter war ein anständiger Mann, der nicht über andere herzog, und Frederiksgave war ein wichtiger Zufluchtsort für den Kronprinzen, mit oder ohne seine Louise. Hier konnte er sich vergnügen, es gab keine sensationslüsternen Journalisten, und er konnte selbst entscheiden, wer mit ihm am Tisch saß.

Frederik hielt sich gern im Freien auf und liebte es, im Zelt zu übernachten. Als er feststellte, dass Langkilde seine Leidenschaft für die Archäologie teilte, erforschten sie tagelang gemeinsam die Gegend und gruben nach Spuren der Vorzeit. Manchmal griff der Kronprinz selbst zur Schaufel, aber mit der Zeit wurde er so dick, dass er lieber von einem gepolsterten Stuhl aus zusah, wie die Bauern die harte Arbeit gegen Bezahlung verrichteten.

Auf den Ländereien von Frederiksgave gab es viele Grabhügel, und die beiden Hobbyarchäologen machten gemeinsam einige spektakuläre Funde. Ihre Ausgrabungen von Brand- und Urnengräbern aus der Bronzezeit leisteten einen wichtigen Beitrag zur Erforschung der prähistorischen Kulturen Dänemarks.

Der König ist tot,
es lebe der König

Am 20. Januar 1848 erwachte Dänemark zu einer traurigen Neuigkeit. Christian VIII. war an einer Blutvergiftung gestorben. Der König hatte sich bei einem Besuch der Korvette »Valkyrien« erkältet, die unterwegs war, um die letzten dänischen Kolonisten von den Nikobaren in Ostindien nach Hause zu holen. Sein Leibarzt ordnete einen Aderlass gegen das Fieber an, der dem König statt einer Linderung seiner Beschwerden den Tod brachte.

Wenige Tage zuvor hatte der König den Kronprinzen an sein Krankenbett gerufen. Er machte sich Sorgen um die Zukunft des Landes. Mit zitternden Händen übergab er dem Sohn sein politisches Testament und forderte ihn auf, den neuen politischen Strömungen zu folgen und die absolute Monarchie abzuschaffen. Kurz darauf tat er seinen letzten Seufzer.

Die Regentschaft Frederiks VII. hatte einen schwierigen Start, da sie beinahe zeitgleich mit der Märzrevolution und der Schleswig-Holsteinischen Erhebung begann. Die Herzogtümer Schleswig und Holstein bildeten eine Art Pufferzone zwischen Deutschland und Dänemark, gehörten aber zum dänischen Gesamtstaat, weil der dänische König gleichzeitig ihr Herzog war. Holstein war deutschsprachig, Schleswig war dänisches Lehen, aber kulturell und sprachlich zweigeteilt. Im Zuge der Märzrevolution waren in Kopenhagen die Nationalliberalen erstarkt, die auf Holstein verzichten und Schleswig einverleiben wollten. In Kiel hatte sich eine ebenfalls nationalliberale, provisorische Regierung konstituiert, die für die Loslösung beider Herzogtümer (»up ewig ungedeelt«) von der dänischen Krone kämpfte. Der Konflikt resultierte im Ersten Schleswig-Holsteinischen Krieg, der bis 1851 dauerte. Die Großmächte mischten sich ein und regelten, dass die Herzogtümer als eigenständige Einheiten Teil des dänischen Gesamtstaates blieben.

Damit war der Keim eines viel größeren und grausameren Krieges gesät, der dreizehn Jahre später Dänemark für immer verändern sollte.

Der revolutionäre Wind frischte in Europa immer weiter auf, und während der Krieg in Schleswig tobte, wuchs auch in Kopenhagen der Druck auf den neuen König. Sein Vater hatte bereits die demokratische Entwicklung unterstützt und eine neue Verfassung vorbereiten lassen, und da auch Louise Rasmussen und ein großer Teil seines Ministerrats die Einführung der Demokratie guthießen, ließ sich Frederik VII. überzeugen.

Vier Monate nach seiner Thronbesteigung schrieb er Geschichte, indem er die absolute Monarchie in eine konstitutionelle umwandelte. Im Oktober 1848 fand die erste Wahl zur verfassungsgebenden Reichsversammlung statt, und am 5. Juni 1849 unterschrieb der König das neue Staatsgrundgesetz. Dänemark hatte seine erste vom Volk gewählte Regierung, doch man darf nicht vergessen, dass nur ein kleiner Teil der Bevölkerung stimmberechtigt war, nämlich wohlhabende Männer wie der Pächter Frederich Christopher Langkilde.

Im Alter von 42 Jahren konnte Frederik VII. endlich die Frau heiraten, die er liebte – jedoch nur »zur linken Hand«, wie es damals hieß. Dies bedeutete, dass Louise Rasmussen nie Königin werden konnte und eventuelle Kinder keinen Anspruch auf den Thron hatten. Als Trostpflaster bekam sie den Titel »Lehnsgräfin von Danner«.

Dies bedeutete aber nicht, dass die Aristokratie und die Kopenhagener Bürgerschaft ihre Meinung über Louise änderten. 1854 zog das Paar in das Schloss Jægerspris im Norden Seelands, wo die Bevölkerung ihnen mehr gewogen war. Das Motto Frederiks VII. lautete »Die Liebe des Volkes, meine Stärke«, und mit der Zeit wurde er zu einem der beliebtesten Monarchen der dänischen Geschichte.

Obwohl der König nicht mehr im Schloss von Odense wohnte, hielt er weiterhin Kontakt zu seinem Pächter in Frederiksgave, der das gleiche Hobby wie er pflegte. Die Chemie zwischen den beiden Amateurarchäologen war so gut, dass Langkilde in einem Brief vorsichtig nachfragte, ob er nicht auch königlicher Jagdmeister werden könne. Frederik stimmte zu, und 1850 wurde der treue Pächter in das Amt erhoben.

Der neue Titel verlangte, dass er sich um die königliche Jagd kümmerte, was mehr als ein bloßes Amt war. Für Langkilde war es ein Geschenk. Er tat sein Bestes, damit sich der König auf Frederiksgave wohlfühlte, mit oder ohne Gräfin.

Für Hans Alfred und seine Geschwister waren die Besuche Frederiks VII. die Höhepunkte des Jahres. Ihre Neugier war groß, wenn die prächtigen Kutschen samt Gefolge in bunten Uniformen auf dem Hof ankamen und der König höchstpersönlich ausstieg.

Das gesamte Gut war aufgeräumt und geputzt, alle Angestellten standen in Reihen auf dem Hof und begrüßten die königlichen Gäste. Selbst die dreckigen Hände des Schmieds waren sauber gewaschen. Hans Alfreds Mutter zog ihren Sohn zurück in die zweite Reihe des Empfangskomitees.

Wenn Frederik VII. durch die Gärten von Frederiksgave spazierte, sah er manchmal Hans Alfred, der in einem Baum saß und tagträumte. Der König begrüßte den Jungen freundlich, der so verblüfft war, dass er beinahe vom Baum fiel. Am Abend schlich sich Hans Alfred in die Küche im Keller des Hauptgebäudes. Dort lauschte er den Gesprächen der Köche und Dienstleute, die über das plauderten, was sich in den Sälen über ihnen ereignete, wo die Königlichen und ihre Gäste aßen und tranken, spielten, tanzten und bis zum Morgengrauen feierten.

Die Besuche des Königs boten Hans Alfred Einblick in eine fremde Welt voller Abenteuer. Wohl dem, der Prinz oder König war und selbst bestimmen konnte!

Keine Lust auf Schule

In wohlhabenden Familien auf dem Land war es üblich, die Kinder zu Hause zu unterrichten, so auch in der Familie Langkilde. Für Hans Alfred war damit jedoch 1859 Schluss. Im Alter von fünfzehn Jahren wurde er zusammen mit seinem ein Jahr jüngeren Bruder nach Odense geschickt, um dort eine bessere Schulbildung zu genießen.

Pächter Langkilde schrieb seine ältesten Söhne in der Lateinschule von Odense ein und investierte in ein attraktives Stadthaus in unmittelbarer Nähe der Domkirche Sankt Knuds. Das Haus hatte Gasbeleuchtung, was ein großer Luxus war. Hauslehrer Michelsen und seine Frau zogen ebenfalls dort ein, um dafür zu sorgen, dass die Jungen zur Schule gingen und versorgt waren.

Odense war damals mit gut 11 000 Einwohnern Dänemarks zweitgrößte Handelsstadt. Für Hans Alfred war es eine große Veränderung, vom beschützten Leben in Frederiksgave in die Großstadt zu ziehen, wo Haus an Haus stand, die Gassen schmal und überall Menschen waren.

Der Lärm von Tieren und Menschen erfüllte die Straßen. Krämer und Scharlatane boten ihre Waren mit heiseren Rufen feil, und er musste zur Seite springen, wenn eine Kutsche durch Pfützen aus dreckigem Waschwasser oder Schlimmerem fuhr und die Passanten bespritzte.

Hans Alfred genoss allerdings das Leben fernab der strengen Blicke des Vaters. Frederiksgave war plötzlich weit entfernt. Er liebte es, durch die Stadt zu ziehen, den Geruch von Pferdeäpfeln und den Malzduft der neuen, großen Brauerei

Albani mitten im Zentrum in der Nase. Er blieb vor den Wirtshäusern stehen, um Geschichten aufzuschnappen oder Schlägereien zu beobachten, und er lebte für die Stunden, die er nicht im Kreidestaub der Lateinschule verbringen musste. Hans Alfred graute es davor, dem Vater sein Zeugnis zu zeigen, und dass Peter in dieselbe Klasse aufrückte und ihn in vielen Fächern übertraf, machte die Sache nicht besser.

Die meiste Zeit hing er über dem Pult, schaute aus dem Fenster und träumte von der Hauptstadt, Europa und der Welt. Nur wenn der Lehrer über die großen Entdeckungsreisenden sprach, über Marco Polo, Kolumbus oder Jens Munk, spitzte er die Ohren. Die Berichte über die gefährlichen Reisen in fremde Gefilde mit unentdeckten Inseln, Ländern und Kontinenten, wo wilde Menschen und fantastische Tiere lebten, hielten ihn bis spät in die Nacht wach.

Hans Alfred dürstete es nach Abenteuern, er verspürte dasselbe Fernweh wie viele junge Männer seiner Zeit. Doch es sollten noch ein paar Jahre vergehen, bis er seine Reise in die große Welt hinaus antrat.

1864

Am 6. November 1859 gebar Hans Alfreds Mutter ihr zehntes Kind, einen Jungen, den sie in aller Hast taufen ließen und nach seinem Vater benannten. Der kleine Frederik war zu früh zur Welt gekommen und starb nur 15 Tage nach der Geburt an Krämpfen.

Kurz darauf erkrankte auch die Mutter. Man schrieb es zunächst der schweren Geburt und dem Verlust des Jungen zu, aber am 23. Dezember starb Margrethe Elisabeth im Alter von 42 Jahren an Typhus. Ihr untröstlicher Ehemann blieb wie gelähmt mit neun Kindern zurück, von denen fünf noch unter zehn Jahren waren. Weihnachten 1859 war ein trauriges Fest auf Frederiksgave.

Die Trauerfeier kam Hans Alfred schier unendlich vor. Der Anblick des entseelten Leichnams seiner Mutter, der steif und mit fromm gefalteten Händen daheim aufgebahrt war, bereitete ihm Übelkeit. Das Weinen seiner Geschwister und der Trauergäste trieb ihn hinaus in die Dunkelheit des Winters, wo er viele Stunden lang ziellos durch die Ländereien von Frederiksgave streifte.

Am letzten Tag des Jahres läuteten die Glocken, und die Flagge hing schlaff auf halbmast, als der nun fast sechzehnjährige Hans Alfred den Sarg seiner Mutter gemeinsam mit seinem Bruder Peter, seinem Vater und ein paar Onkeln aus der Kirche von Sønderby trug.

Das Erbe der Kinder wurde auf 1350 Reichstaler pro Kopf aufgeteilt. Die Jungen sollten die Summe mit 18 Jahren bekommen, die Mädchen bei ihrer Hochzeit.

Die Trauer legte sich allmählich, und das Leben ging weiter, doch für den neununddreißigjährigen Langkilde war der Verlust seiner Frau eine persönliche Katastrophe. Er hatte nicht nur seine Lebensgefährtin und die Mutter seiner Kinder verloren, sondern auch eine treibende Kraft für den Betrieb des Herrenhofs. Margrethe Elisabeth hatte viele wichtige Aufgaben in Frederiksgave erfüllt. Langkilde brauchte eine Frau an seiner Seite.

An einem schönen Spätsommertag im September 1861 heiratete Frederich Christopher Langkilde ein zweites Mal. Die Braut war die acht Jahre jüngere Pouline Marie Deodata Storch, Tochter des bereits verstorbenen Postmeisters Storch aus Rudkøbing. Ihre Mutter hatte Pouline im Alter von zwei Jahren verloren.

Die Trauung fand in derselben Kirche statt, aus der Hans Alfred seine tote Mutter getragen hatte, weshalb es ihm schwerfiel, sich für seinen Vater zu freuen. Während die anderen Gäste die Kirchenlieder mitsangen, starrte er stumm auf seine Schuhe und dachte an seine Mutter, deren Andenken bereits verblasste. Auf der Hochzeitsfeier betrank er sich und schlief irgendwann in einer Ecke ein.

Langkilde und Pouline gründeten keine neue Familie. Wie von ihr erwartet, widmete sie sich der Aufgabe als Ersatzmutter für seine jüngeren Kinder, doch die Beziehung zu den älteren Kindern blieb immer distanziert. Am wenigsten kam Pouline mit Hans Alfred zurecht, den sie als unberechenbar und provokant empfand und als störendes Element in ihrem neuen Leben als Frau an der Seite eines angesehenen Mannes. Auch das Verhältnis zwischen Vater und Sohn war nicht besonders gut.

Für Pächter Langkilde war Frederiksgave sein Leben, weshalb die Pflicht oft vor der Familie kam. Er hatte viele Aufgaben, besonders wenn der König und sein großes Gefolge kamen. Jeder hatte seinen Platz, und Langkilde verlangte absoluten Gehorsam – insbesondere von seinen Kindern.

Hans Alfred reagierte trotzig, wenn sich der Vater von seiner autoritären Seite zeigte. Die seltenen Male, die er in Frederiksgave war, gab es oft Streit zwischen Vater und Sohn.

Bei Festen und anderen Anlässen schaute Hans Alfred gern zu tief in die Flasche. Er zog die Gesellschaft der Angestellten vor und war jederzeit zu einer Runde Armdrücken oder einer Prügelei bereit. Bald ging das Gerücht, Langkilde habe seinen ältesten Sohn nicht mehr im Griff.

Es war bereits schriftlich festgelegt, dass Hans Alfred einmal auf einem der Herrenhöfe der Langkildes arbeiten oder in eine andere wohlhabende Familie einheiraten sollte. Mit etwas Glück konnte er vielleicht sogar ein Gut übernehmen, doch darum konkurrierte er mit den zahlreichen Kindern seiner Onkel und Tanten.

Davon abgesehen sah Langkilde in seinem ältesten Sohn nie einen guten Gutsbesitzer oder Pächter. Hans Alfred fehlte es an Durchhaltevermögen, er hatte keinen Respekt vor Autorität und zeigte wenig Interesse am landwirtschaftlichen Betrieb.

Der Junge war in vieler Hinsicht eine Enttäuschung für seinen Vater. Die teure Schulbildung in Odense zeigte wenig Wirkung, und es bestand keine Möglichkeit einer höheren Ausbildung.

Wie viele wohlhabende Väter, deren Söhne sich nicht den Erwartungen entsprechend entwickelten, schickte der Pächter seinen Ältesten schließlich zum Militär. Mit Hans Alfreds Reittalent und Pferdekenntnis war er wie geschaffen für die Kavallerie.

Im Sommer 1862 trat Hans Alfred in das dänische Heer ein. Normalerweise wurden junge Männer erst im 22. Lebensjahr eingezogen, doch er durfte den Dienst bereits im Alter von achtzehn Jahren antreten. Die Wehrpflicht betrug damals acht Jahre, und in dieser Zeit mussten die jungen Männer mindestens sechzehn Monate Pflichtdienst leisten.

Nach einiger Zeit in der Kaserne von Næstved war Hans Alfred selbst überrascht, wie wohl er sich unter dem straffen Regiment des Militärlebens fühlte. Das Dragonerregiment war wie geschaffen für ihn, der von Kindesbeinen an viel Zeit auf dem Rücken von Pferden verbracht hatte.

Anfang der 1860er-Jahre flammte der alte Konflikt um die Herzogtümer Schleswig und Holstein wieder auf, und Dänemark rüstete sich für einen möglichen Krieg gegen Preußen.

Hans Alfred verstand nicht viel von Politik, doch die Gerüchte über den bevorstehenden Krieg machten das Militärleben noch aufregender für ihn. Ihm gefiel das tägliche Waffentraining, das Exerzieren und Reiten. Die blaue Uniform der Dragoner erfüllte ihn mit Stolz. Nach einem Jahr, am 24. Juni 1863, wurde er zum 2. Leutnant im 2. Dragonerregiment befördert.

Die Unruhen im südlichen Dänemark nahmen zu, und am 1. November fanden sich Hans Alfred und sein Regiment in Aarhus ein, wo sie in die 3. Schwadron des 3. Dragonerregiments eingegliedert wurden. Im Herbst desselben Jahres hatte Frederik VII. das Danewerk besucht, um zu sehen, ob der altehrwürdige Festungswall im Süden das Land noch vor möglichen Invasoren schützen konnte, wobei er sich in dem nasskalten Wetter eine schwere Erkältung zuzog. Zurück im Schloss Glücksburg bei Flensburg, wurde er ernstlich krank, und da sein Immunsystem infolge übermäßigen Konsums von Fleisch, Alkohol und Tabak geschwächt war, setzte ihm die Krankheit schwer zu.

Der Arzt verordnete ihm eine Kur aus Lakritz, rohen Eiern und Punsch, die aber nicht recht helfen wollte. Der König entwickelte eine Wundrose, durch die sein Gesicht anschwoll. Kurz darauf bekam er Atemprobleme, und am 15. November 1863 starb der Monarch im Alter von nur fünfundfünfzig Jahren.

Die Neuigkeit verbreitete sich rasch, das Volk war tief betroffen. Im ganzen Land trauerten die Menschen um den beliebten Herrscher. Auf Frederiksgave neigte der Jagdmeister des Königs sein Haupt und erbat Stille am Tisch. Er hatte nicht nur seinen König, sondern auch einen Gesinnungsgenossen verloren. Mit Frederik VII. starb die Oldenburgische Linie des Königshauses aus, und die Krone ging an Christian von Glücksburg.

Christian IX. übernahm ein Land in der Krise, und im Februar 1864 brach der Deutsch-Dänische Krieg (auch Zweiter Schleswig-Holsteinischer Krieg genannt) aus. Hans Alfred und seine Kameraden wussten nicht viel über den politischen Hintergrund, als sie enthusiastisch in Richtung Süden zogen. Den Gedanken, dass der Krieg auch fatal enden konnte, verdrängten sie.

Das uralte Danewerk erstreckte sich fünfunddreißig Kilometer quer durch Südschleswig und war in Erwartung des Krieges mit neuen Schanzen, Kanonenstellungen und Festungen ausgebaut worden, doch die Flankenstellungen in Düppel (dänisch Dybbøl) und Fredericia wiesen einige Schwachstellen auf. Außerdem fehlten dem Heer Offiziere, und die Befehlshabenden waren nicht ausreichend ausgebildet. Hohe Militärs baten um bessere Ausrüstung und mehr Geld, aber der König und sein Ministerrat wiesen den Wunsch ab.

In Kopenhagen pflegte man das Nationalgefühl aus sicherem Abstand. Das Danewerk wurde von der Bevölkerung nahezu mythisch aufgeladen zu einem nationalen Symbol. Niemand hörte auf die Bedenken der Experten, ob das dänische

Heer und die altmodische Befestigungsanlage dem Druck aus Süden standhalten konnten.

Hans Alfred saß im Sattel und reckte stolz den Rücken. Sie standen im Zentrum einer historischen Begebenheit. Wenn nur sein Vater ihn jetzt sehen könnte, auf dem Weg in den Kampf für Dänemark!

Als sie sich ihrem Ziel näherten, verspürte der zwanzigjährige 2. Leutnant eine innere Unruhe. Er war ungeduldig, fast euphorisch, und fühlte sich unbesiegbar. Die Widrigkeiten des Zuges durch das eiskalte Winterwetter mit Übernachtungen in primitiven Lagern und schlechter Versorgung ließ er sich nicht anmerken. Das Adrenalin und die Abenteuerlust hielten ihn aufrecht, und die Warnungen über die Stärke und das Vorrücken des Feindes schlug er in den Wind.

Bereits in Næstved begann er einen Briefwechsel mit seinem Vater. Am Anfang tauschten sie hauptsächlich Höflichkeiten aus, doch als der Krieg näher rückte, wurden die Briefe ernster.

Am Danewerk erwartete die dänischen Truppen aber kein Glück, sondern eine böse Überraschung. Sie mussten feststellen, dass sie nicht nur in der Unterzahl, sondern auch ihre Waffen und Ausrüstung im Vergleich zu denen der preußischen und österreichischen Truppen hoffnungslos veraltet waren. Die normalerweise unwegsamen Feuchtgebiete und Seen waren in der klirrenden Kälte zugefroren, sodass der Feind leicht über das Eis vorrücken und angreifen konnte.

Viele dänische Soldaten hatten das Danewerk für unüberwindbar gehalten, aber als sie nun vor der alten Anlage standen, kamen die ersten Zweifel auf. Der befehlshabende General Christian Julius de Meza sah schnell ein, dass seine Männer zum Tode verurteilt wären, wenn er nicht flugs seine Strategie änderte.

Als die feindliche Armee am 6. Februar 1864 kampfbereit aufmarschierte, traute sie ihren Augen kaum: Der Kampfplatz war verlassen. Im Schutz der Nacht hatten die Dänen ihre Stellungen geräumt. De Meza hatte seine Männer zurückgezogen und befand sich auf dem Weg nach Düppel und die Insel Alsen.

Hans Alfred versuchte, seine Enttäuschung zu verbergen, als er sich in die kilometerlange Kolonne aus Soldaten, Pferden, Wagen und Kanonen einreihte. Obwohl der eigenmächtig angeordnete Rückzug de Mezas ein Geniestreich war, der große Teile des Heeres rettete und den Dänen Zeit verschaffte, waren Hans Alfred und viele seiner auf den Kampf eingestellten Kameraden frustriert.

Der junge Leutnant fühlte sich verraten, bis er erfuhr, dass die Nachhut von den Österreichern angegriffen worden war und achthundert Kameraden dabei ihr Leben verloren hatten. Da bekam auch er es mit der Angst zu tun.

Ende Februar, wenige Wochen nach dem Rückzug vom Danewerk, wurde Hans Alfred zurück zum 2. Dragonerregiment in Næstved gerufen. Dort exerzierte er Rekruten, insbesondere in Reiten und Taktik, während sich ein Großteil des Heeres auf weitere Kämpfe auf dem Weg nach Düppel und der Insel Alsen vorbereitete.

Hans Alfred erfüllte seine Pflicht, verstand aber nicht, wieso er nicht an vorderer Front am Krieg teilnehmen durfte und warum man ihn zurückgeholt hatte. Böse Zungen behaupteten, er habe es nicht in sich und sei deshalb in die Kaserne zurückbeordert worden.

Seine Enttäuschung wurde von dem nationalen Schock abgelöst, den die Erstürmung der Düppeler Schanzen durch die Preußen am 18. April auslöste. Das zahlenmäßig und ausrüstungstechnisch hoch überlegene Heer hatte die dänischen

Stellungen innerhalb weniger Stunden zerschossen. Über tausend tote oder verwundete dänische Soldaten lagen auf dem Schlachtfeld, mehr als 3500 wurden gefangen genommen.

Frederiksgave und viele andere Herrenhöfe und Schlösser wurden zu Feldlazaretten umfunktioniert. Hans Alfreds Vater räumte Scheunen und Ställe, um verwundete Soldaten aufzunehmen, die mit Kutschen und Karren den weiten Weg hergebracht wurden. Viele von ihnen starben unterwegs.

Obgleich Sanitäter und freiwillige Helfer ihr Bestes taten, konnten sie in vielen Fällen Tuberkulose und den Tod nicht aufhalten, den die Kriegsopfer mitbrachten. Vierundzwanzig Soldaten starben allein in Frederiksgave und wurden auf dem Kirchhof von Sønderby begraben.

Im Juli 1864 war Hans Alfred wieder beim 3. Dragonerregiment in Aarhus, doch da war der Krieg längst verloren. Die Reise durch Jütland hatte ihn zutiefst erschüttert. Der Anblick niedergebrannter Höfe und verarmter Dörfer, wo verzweifelte Witwen, unglückliche Mütter und vaterlose Kinder mehr schlecht als recht überlebten, machte ihn wütend. Am schlimmsten waren jedoch die unzähligen verwundeten Soldaten, die im Krieg Arme, Beine oder den Verstand verloren hatten.

Am 20. Juli – zwei Tage nachdem Hans Alfred die Kaserne in Aarhus erreicht hatte – wurde ein Waffenstillstand geschlossen. Die Dänen mussten einsehen, dass ihr Land ein gutes Viertel seines Territoriums verloren hatte. Schleswig und Holstein wurden preußisch-österreichisches Kondominium und von den Siegermächten zunächst gemeinsam regiert.

Hans Alfred blieb desillusioniert auf seinem Posten in Næstved. Wie würde es weitergehen? Eine Militärkarriere? Ein neuer Krieg? Heiraten? Kinder? Er war gerade einmal zwanzig und noch nicht bereit, sich niederzulassen und in die endlose Reihe von Ehemännern und Vätern einzuordnen, die ihr Leben lang für andere schufteten und viel zu wenig verdienten. Hatte ihm das Leben wirklich nicht mehr zu bieten?

Hans Alfred war cholerisch und rastlos, er geriet mit seinen Kameraden aneinander und war von einer unbestimmbaren Sehnsucht getrieben. Er fühlte sich wie ein Pulverfass mit brennender Lunte.

Fernweh

Der Krieg war vorbei, steckte den Soldaten aber noch in den Knochen. Besonders die Nächte waren schwer, wenn sie von plötzlichen Geräuschen oder Albträumen aus dem Schlaf gerissen wurden. Wie viele Dänen nährte Hans Alfred einen glühenden Hass auf die Deutschen, und oft fantasierte er davon, wie er sich eines Tages an ihnen rächen würde.

Das Leben in der Kaserne war vorhersehbar und eher langweilig, sodass sich Hans Alfred immer weniger vorstellen konnte, den Rest seines Lebens beim Militär zu verbringen. Überdies schien ihm das nach der Niederlage sinnlos. Die Tage vergingen mit der Ausbildung der Rekruten im Waffengebrauch, Marschieren, Paradieren und Reiten, die Abende mit der Instandhaltung der Waffen, Uniformen und des Kasernengebäudes. Zum Glück blieb ihm noch ausreichend Zeit mit den Pferden. Er beaufsichtigte die Ställe und ließ andere ausmisten.

Im Speisesaal trafen sich die Männer zu den Mahlzeiten, und wenn sie freihatten, schlugen sie die Zeit mit Kartenspiel, Geschichten, Briefeschreiben und Zigaretten tot. So vergingen die Monate und Jahre, bis Hans Alfred sein fünfjähriges Dienstjubiläum und seinen 24. Geburtstag feierte.

Er wälzte sich im Bett herum und versuchte, vor dem Morgengebrüll des Sergeanten noch ein wenig Ruhe und Schlaf zu finden.

Der Gedanke an einen weiteren eintönigen Tag, der sich durch nichts von allen anderen Tagen unterschied, machte ihn fast wahnsinnig. Die Leere in seinem Leben erdrückte ihn. Wenn nicht bald etwas geschah, würde er den Verstand verlieren.

Seine Kameraden im Schlafsaal überlegten, ob sie am nächsten Abend ausgehen und den Jubilar feiern sollten. Hans Alfred schwieg, aber nach einem aufmunternden Zuruf aus dem Bett unter ihm und einem Tritt gegen die Matratze willigte er ein. Dann wurden die Petroleumlampen gelöscht, und er fiel in einen traumlosen Schlaf.

Der Regen peitschte vom Himmel, und es war schon dunkel, als Hans Alfred und seine Kameraden das Wirtshaus erreichten. Rufe, lautes Gelächter und Tabakrauch füllten das dunkle Lokal, wo sich der süßliche Duft von Hopfen mit dem beißenden Gestank von Schweiß mischte. In einer Ecke begann ein Mann zu singen, einige Gäste stimmten mit ein.

Hans Alfred und seine Gefährten setzten sich an einen freien Tisch und bestellten eine große Kanne Bier. Sie alle freuten sich auf die Abwechslung von der Kaserne. Sie hoben die Krüge, prosteten einander zu und schauten sich im Wirtshaus um. Wer war heute Abend hier? War eine Prügelei in Aussicht? Oder gab es vielleicht ein paar hübsche Mädchen?

Am Tresen stand eine Gruppe deutscher Handlungsreisender, die sich laut unterhielten. Wut stieg in Hans Alfred auf. Was zum Teufel hatten die hier verloren? Eine feste Hand auf seiner Schulter mahnte ihn zur Ruhe und rief seine Aufmerksamkeit zurück zu seinen Kameraden am Tisch, aber er hörte ihnen nur mit halbem Ohr zu und musterte die anderen Gäste in der schummerigen Kneipe.

Er leerte seinen Krug, bestellte mehr Bier und erblickte eine junge Frau, die bei den Deutschen am Tresen stand und den Anführer der Gruppe, einen früheren Offizier, anhimmelte. Der Mann redete laut, gestikulierte und ließ die Augen nicht von der jungen Frau. Sie warf den Kopf in den Nacken und lachte, als sich ihr deutscher Freier an ein paar dänischen Phrasen versuchte, dann nahm sie geschmeichelt seine Komplimente und Getränkeeinladung an.

Hans Alfred behielt die beiden im Auge. Die Frau war hübsch, charmant und kein bisschen genant. Aber was wollte eine dänische Frau von einem Deutschen? Als sie ihn ansah, grüßte er und lud sie mit einer Handbewegung an seinen Tisch ein. Sie schlug die Einladung aus und blieb bei den Deutschen stehen, warf aber ab und zu verstohlene Blicke zu Hans Alfred herüber und lächelte ihn diskret an. Als der Deutsche dies bemerkte, war er alles andere als erfreut. Die offene Provokation verlangte eine Antwort. Er wollte dem rothaarigen Dänen zeigen, wer der Stärkere war und Anspruch auf das Mädchen hatte.

Die beiden Offiziere waren zu stolz, um sich mit Fäusten zu prügeln. Ihre Kameraden suchten hastig nach irgendwelchen Waffen und griffen, was sie im Wirtshaus fanden: einen dreiarmigen Leuchter und ein massives Tischbein. Der berauschte Hans Alfred hatte sich eher ein klassisches Duell mit Säbeln oder Pistolen vorgestellt. Wutschnaubend warf er die lächerlichen Hilfsmittel von sich.

Der Regen prasselte ihm ins Gesicht, und seine Augen mussten sich an die Dunkelheit gewöhnen, als er seinen Kameraden zu dem Kampfplatz folgte, den sie ein Stück vom Wirtshaus entfernt ausgewählt hatten. Er schlitterte durch den Schlamm, zum Kampf bereit. Um die junge Frau, um sein Leben, ums Vaterland! Wie konnte es dieser verdammte Deutsche wagen, hier aufzukreuzen und eine dänische Frau zu belästigen. Hans Alfred spuckte seinen Gegner an, und ehe jemand einschreiten konnte, war der Deutsche über ihm.

Trotz mehrerer Krüge Bier und ein paar Branntwein versetzte Hans Alfred dem Deutschen reaktionsschnell einen Kinnhaken. Der Mann schwankte, war aber überraschend hart im Nehmen und blieb stehen. Er war größer und schwerer als Alfred, der plötzlich auf dem nassen Boden lag und die Fäuste des Deutschen ins Gesicht bekam.

Der Geschmack von Blut füllte seinen Mund, und der schwere Körper des Deutschen ließ sich nicht abschütteln. Hans Alfred schnappte nach Luft und fürchtete zu ersticken. Die Rufe der Zuschauer erreichten ihn nur noch wie von fern. Er war kurz davor, die Besinnung zu verlieren, als seine Handfläche einen kalten, harten Gegenstand berührte. Einer seiner Kameraden hatte ihm ein Messer zugeworfen. Verzweifelt rammte er es seinem Gegner in die Seite. Der Deutsche sank brüllend zu Boden.

Hans Alfred kam auf die Beine und wischte sich mit seinem schmutzigen Ärmel durchs Gesicht. Schwankend stand er da und versuchte, die Situation zu erfassen, als starke Hände ihn packten und wegzogen. Das Letzte, was er sah, war der Deutsche, der umringt von seinen Kameraden leblos am Boden lag.

Hans Alfred lief wie in Trance davon. Später wusste er nicht mehr, wie er in die Kaserne und in sein Bett gelangt war. Nach einer unruhigen Nacht versuchte er, sich das Drama in Erinnerung zu rufen. Er war schon oft in Schlägereien geraten, aber niemals mit seinem Leben als Einsatz.

Dort, im Schlamm am Boden liegend, waren all sein Zorn und seine aufgestaute Frustration aus ihm herausgebrochen. Seine alten Dämonen hatten sich in Gestalt eines Deutschen manifestiert, der auf keinen Fall gewinnen durfte.

Der Anblick des verletzten Gegners verfolgte Hans Alfred. Keiner wusste, was mit ihm geschehen war – auch die junge Frau war von niemandem mehr gesehen worden. Hans Alfred war sich sicher, den Deutschen getötet zu haben, und fürchtete, jeden Augenblick verhaftet zu werden. Er versuchte, einen kühlen Kopf zu bewahren, und las täglich die Zeitung, um zu erfahren, ob jemand Anzeige erstattet hatte oder die Polizei einen Mörder suchte.

Aber selbst wenn dies nicht der Fall war, würden sich die Kameraden des Deutschen sehr wahrscheinlich rächen wollen. Sollte er wirklich einen ehemaligen Offizier niedergestochen haben, würden sie zurückkommen und nach ihm suchen. Die Furcht vor Strafe oder Rache führte zu einer Entscheidung, die sein weiteres Leben bestimmen sollte.

Hans Alfred schaute oft über die Schulter und hörte überall deutsche Stimmen. Die Panik lähmte ihn, obwohl seine Kameraden ihm versicherten, dass sie an seiner Seite stehen und ihn beschützen würden.

Der Traum von der großen weiten Welt lebte noch immer in ihm, denn auch unter den Soldaten wurde das Thema Auswanderung heftig diskutiert. Wie in ganz Europa hatte fast jeder Verwandte, Freunde oder Bekannte, die das Land verlassen hatten. Es kursierten Geschichten von Arbeitern, geschäftstüchtigen Leuten, Abenteurern oder Gaunern, die ihr Glück in der Neuen Welt gesucht und gefunden hatten.

Von der Mitte des 19. Jahrhunderts bis zum Ausbruch des Ersten Weltkriegs verließen 52 Millionen Europäer den Kontinent in Richtung Übersee, darunter circa 300 000 Dänen. Die meisten von ihnen waren, wie Hans Alfred, junge, unverheiratete Bauernsöhne. Sie waren arm und setzten alles auf eine Karte, und die wenigsten hatten genug Geld in der Tasche, um notfalls wieder in die Heimat zurückzukehren.

Obwohl Hans Alfred aus guten Verhältnissen stammte, war seine Zukunft keineswegs gesichert. Nichts deutete darauf hin, dass er einmal die Pacht seines Vaters übernehmen konnte. Beim Militär sah er keine Zukunft für sich, während Amerika mit seinen unbegrenzten Möglichkeiten lockte. 1862 hatte die amerikanische Regierung den Homestead Act erlassen, der es jedem Neubürger erlaubte, 24 Hektar unbebautes Land abzustecken, was etwa dem Gebiet eines großen Hofes in Dänemark entsprach. Es kostete nichts, aber die Siedler verpflichteten sich für fünf Jahre, das Land zu bewirtschaften und ein Haus zu bauen. Waren sie erfolgreich, gehörte das Land ihnen, und sie bekamen die amerikanische Staatsbürgerschaft.

In Hans Alfreds Fall war es weniger der Traum von einem eigenen Hof als vielmehr die Freiheit, die ihn reizte. Freiheit von den Erwartungen der Familie und von der Angst. Besonders faszinierten ihn die Geschichten über Menschen, die auf den Weltmeeren reich geworden waren. Er las alle Berichte über Walfänger und ihre abenteuerlichen Fahrten. Das raue Geschäft des Walfangs sprach den rastlosen, entwurzelten 2. Leutnant an.

Zum zigsten Mal hörten sich seine Kameraden geduldig die Fantasien des Fünen an, und zum zigsten Mal spielten sie mit und ermunterten ihn: »Mensch, dann tu es doch!«

Die Angst, die ihm den Schlaf raubte, machte ihm endgültig klar, dass er fortgehen musste, wenn er nicht entweder ermordet oder verrückt werden wollte. Die Heimkehr zum Vater nach Fünen war ausgeschlossen. Der Gedanke, mit dem Hut in der Hand vor der Tür zu stehen und von Poulines Gnade abhängig zu sein, war unerträglich.

Alternativ hätte er sich auf einem anderen Gut der Familie verstecken können, doch er wollte sein Schicksal in die eigene Hand nehmen. Die alten Träume kehrten zurück – nicht als romantische Fantasie, sondern in Form eines Fluchtplans. Doch eine solche Flucht erforderte nicht nur eine gute Vorbereitung, sondern auch ausreichend finanzielle Mittel.

Das Verhältnis zu seinem Vater hatte sich verbessert. Seit er beim Heer war, schrieben sie sich regelmäßig. Behutsam äußerte Hans Alfred seinen Wunsch, in die Welt hinauszureisen. Doch das würde nur gehen, wenn sein Vater etwas dazu beitrug. Zwar hatte er einen Teil seines Solds und das Erbe seiner Mutter gespart, doch das reichte nicht aus.

Der nächste Schritt war, die Entlassung aus dem Militär und eine Ausreisegenehmigung zu beantragen. Die erwarteten Schwierigkeiten blieben aus. Niemand versuchte ihn zu halten, und mit einem kleinen Zuschuss von daheim hielt er bald einen Einzelfahrschein nach Amerika in der Hand.

Am Dienstag, den 13. April 1869, ging Hans Alfred an Bord des Dampfers »Ariel« mit Kurs auf New York. Die »Ariel« war ein umgebauter Raddampfer, der als Ausflugsschiff in der Delaware Bay gekreuzt war. Auf dem Weg nach Europa war er mit Gütern beladen gewesen, die in Kopenhagen gelöscht wurden. Nun füllte sich das Schiff mit erwartungsvollen Dänen. In Helsingør, Göteborg und Oslo sollten weitere Passagiere zusteigen, die auf ein neues Leben jenseits des Atlantiks hofften.

Neunzig Prozent der dänischen Auswanderer waren arme Landarbeiter, die restlichen zehn waren Abenteurer. Zu dieser Gruppe gehörte Hans Alfred. Er konnte sich eine teure Fahrkarte für die zweite Klasse leisten, was ihm ein gemachtes Bett und volle Verpflegung auf der zweiwöchigen Überfahrt sicherte.

Hans Alfred war 25 Jahre alt, als er sein neues Leben begann. Er reiste mit wenig Gepäck: ein Seesack mit Kleidern und ein paar Habseligkeiten, ein kleines Startkapital, ein mittelmäßiges Zeugnis und seine militärische Erfahrung. Als er bei der Abreise seinen Beruf angeben sollte, schrieb er Zimmermann.

Er hatte in Frederiksgave und in der Kaserne kleinere Schreinerarbeiten ausgeführt, war aber alles andere als ein Profi. Diese Notlüge sollte seine Chancen in der Neuen Welt verbessern, und er war nicht der Einzige, der bei der Angabe des Berufs schummelte. Unzählige Auswanderer behaupteten, Ärzte, Handwerker oder Geschäftsleute zu sein. Wer sein Leben neu begann, durfte selbst bestimmen, was er sein wollte.

Hunderte von Verwandten, Freunden und Neugierigen standen am Kai des Larsens Plads in Kopenhagen, um Abschied von ihren Lieben zu nehmen oder einfach zuzuschauen. Unter ihnen war der Pächter Langkilde, der kurz vor der Abfahrt seinem Sohn etwas in die Hand gedrückt hatte. Hans Alfred öffnete die kleine Schachtel und erkannte die alte Goldmünze aus der Sammlung des Vaters.

»Lebe wohl, mein Junge«, murmelte er und klopfte seinem Sohn auf die Schulter. Hans Alfred gab seinem Vater die Hand und stieg an Bord. An Deck hob er den Hut zum Abschied, ehe er von den vielen Passagieren weitergeschoben wurde. Der neunundvierzigjährige Langkilde blieb am Kai stehen, bis der Dampfer seinen ältesten Sohn in eine ungewisse Zukunft mitnahm, und dachte im Stillen, dass er ihn vielleicht das letzte Mal gesehen hatte.

Nach vierzehn Tagen auf See legte die »Ariel« am Immigrationszentrum Castle Garden in New York an Manhattans Südspitze an, und Hans Alfred reihte sich in die lange Schlange erwartungsvoller Europäer ein. Neugierig und wachsam folgte er dem Strom der Einwanderer vom Schiff in das imposante Gebäude, wo er seine Papiere vorzeigen musste.

In der Wartehalle waren Menschen aus aller Welt. Die vielen Sprachen und Dialekte beeindruckten ihn, und Hans Alfred dankte insgeheim dem alten Hauslehrer Michelsen, der ihm Latein, Deutsch und Französisch eingetrichtert hatte. Je näher er dem entscheidenden Gesundheitscheck und Interview kam, desto aufgeregter wurde er. Sein Herz hämmerte.

Was, wenn sie mich nicht haben wollen? Was wussten sie?

Vielleicht war ihm das Gerücht über den ermordeten Deutschen vorausgeeilt?

Hans Alfred versuchte, sich zu beruhigen. Er war jung, stark und gesund, natürlich wollten sie ihn haben. Er beobachtete, wie immer wieder Personen aus der Warteschlange aussortiert und weggeführt wurden. Besonders Ältere, Kranke und Behinderte wurden harsch behandelt. Manche brachen in Tränen aus oder bekamen Panikanfälle bei der Aussicht, das Gelobte Land nicht zu erreichen oder von ihren Familien getrennt zu werden.

Der junge Füne holte tief Luft und richtete sich auf, als er aufgerufen wurde. Er setzte ein ernstes Gesicht auf, beantwortete die Fragen der Behörde und ließ einen Arzt in seine Augen und in den Rachen schauen, ehe er Richtung Ausgang geschoben wurde.

Als er endlich den Fuß auf amerikanischen Boden setzte, fühlte er sich, als hätte er das Examen seines Lebens bestanden. Sein Herz klopfte, und er unterdrückte einen Freudenschrei – endlich war er frei! Er ließ sich von New York aufsaugen, der größten Stadt, die er je gesehen hatte.

Alles um ihn herum war größer als in Assens, Odense, Næstved und Kopenhagen: der Hafen, die Häuser und die Menschenmenge, in die er sich nahtlos einfügte. Das Tempo, die Sprache, sogar die Zeitzone waren anders. Und der Lärm der Großstadt war ohrenbetäubend.

Hans Alfred machte sich auf die Suche nach etwas Essbarem und einem Ort, an dem er übernachten konnte. Die nächsten Tage nutzte er, sich zu orientieren und seine weitere Reise zu planen. Er nahm den Zug nach Boston und fuhr von dort weiter in die Hafenstadt New Bedford. Dort wollte er auf einem Walfangschiff anheuern und hinaus auf die Weltmeere fahren – weit weg von Dänemark und möglichen Racheakten der Deutschen.

Das Abenteuer beginnt

Der dänische Sommer 2017 ist kalt und ungewöhnlich nass. Das Wetter macht es uns nicht leichter, die USA zu verlassen, wo wir vier Jahre lang gewohnt haben. Das Land und die sonnige, grüne Stadt Washington D. C. sind uns ans Herz gewachsen. Überdies ist Washington D. C. ein internationales Zentrum mit spannenden Menschen und einer Stimmung, die uns alle gefesselt hat. Die Stadt ist uns eine neue Heimat geworden und hat uns ein paar wirklich gute Freunde geschenkt.

Schweren Herzens setzen wir uns im Juni in den Flieger nach Kopenhagen, um wieder Vollzeitdänen zu werden. Das berufliche und persönliche Abenteuer als Korrespondent ist zu Ende, doch die ganze Familie würde am liebsten gleich wieder ein Ticket nach Washington kaufen, zurück zu den Freunden, der Schule, der Arbeit und der Sonne. Aber jeder Auslandsauftrag ist befristet. Und man entscheidet nicht selbst, wann er endet. Bleibt einem nur, den Blick nach vorn auf neue Projekte zu richten.

In den ersten Monaten wohnen wir in unserem Ferienhaus, weil unser Haus noch eine Weile vermietet ist. Diese Tatsache erleichtert uns die Eingewöhnung in Dänemark, weil der Alltag nicht gleich mit voller Wucht zuschlägt. In diesem gefühlsmäßigen Vakuum sprechen wir viel über Samoa. Während der Regen an die Scheiben klatscht, sehen wir uns Bilder von grünen Berghängen, Wasserfällen, weißen Stränden und Hütten ohne Wände an. Wir informieren uns über die Geschichte des Landes, reden über meine Begegnung mit Daniel und kommen zu dem Schluss, dass es Zeit für ein neues Abenteuer ist. Und unsere geplante »Expedition« nach Samoa gibt uns neuen Elan und unsere Lebensfreude zurück.

Seit meinem Treffen mit Daniel in Philadelphia halten wir über Messenger Kontakt. Ende Juli schreibe ich: »Lieber Vetter, ich hoffe, es geht dir gut. Wir reden jetzt schon lange darüber, Samoa zu besuchen, und diesen Oktober wollen wir endlich Nägel mit Köpfen machen. Ich habe übrigens den Entschluss gefasst, ein Buch über unsere Familie zu schreiben. Kannst du uns einen Ort empfehlen, wo wir wohnen können? Liebe Grüße von der ganzen Familie, Johannes.«

Ein paar Tage später, ich bereite gerade das Frühstück in unserem Ferienhaus vor, vibriert mein Handy. Daniel hat mir geantwortet. »Hallo, lieber Vetter Johannes. Schön, von dir zu hören, und noch schöner, dass du nach Amerikanisch-Samoa kommen willst. Plant eure Reise und macht euch keine Gedanken darüber, wo ihr wohnen könnt. Die ganze Familie freut sich auf euch und lädt euch herzlich zu sich ein. Passt auf euch auf. Gott segne euch.«

Ich bilde mir ein, die Wellen auf den Strand der fernen Insel rollen zu hören, während ich Daniels Nachricht lese. In Gedanken sehe ich mich bereits in einem Allradfahrzeug die Insel erkunden auf der Suche nach Hans Alfred Langkildes Grab und heutigen Nachkommen aus seiner Ehe mit der Häuptlingstochter. Sisse und ich beschließen, Flugtickets zu kaufen und die Reise konkret zu planen. Die Kinder sind begeistert.

Emilie ist acht Jahre alt und freut sich schon, eine echte samoanische Prinzessin zu treffen, während der zehnjährige Andreas von Palmenstränden träumt. In den nächsten Wochen versuche ich, die Reise in unseren dänischen Terminkalender zu integrieren, komme dabei aber schnell zu dem

Schluss, dass es schlichtweg unmöglich ist. Die Schule der Kinder, meine Arbeit und die Tatsache, dass ich in der Schlussphase eines Buches über die USA stecke, in dem ich der Frage nachgehe, wie es möglich war, dass Donald Trump und nicht Hillary Clinton auf Barack Obama folgte. Wie ich die Termine auch hin und her schiebe, finde ich keine Möglichkeit für einen zwei- oder dreiwöchigen Urlaub. Ich schreibe es Daniel, und er antwortet, wie leid ihnen allen das tue, aber dass sie sich umso mehr auf den Tag freuen, an dem wir uns sehen. »*Sending our love*«, beendet er den Brief.

Die Monate vergehen, und ich finde mich immer besser in meinem Job als Nachrichtenchef der *TV Avisen* zurecht. Ich fahre kreuz und quer durch das Land und halte Vorträge über mein neues Buch, sodass unsere Samoa-Pläne etwas verblassen. Der Alltag in Dänemark holt die Familie mehr und mehr ein, wobei die Sehnsucht nach Washington trotzdem hin und wieder aufblitzt. Aber wir fassen langsam Fuß, und auch ich gewöhne mich daran, den Großteil des Tages auf einem Bürostuhl zu hocken und nicht mehr als Korrespondent unterwegs zu sein.

Die Zeit vergeht schnell, wahnsinnig schnell. Die Arbeit bei der *TV Avisen* gefällt mir immer besser, und dank der vielen Reisen zum Promoten meines Buches fühle ich mich nicht zu angebunden. Erst im März 2019 kommt das Thema Samoa wieder zur Sprache – gereift wie ein guter Wein – und kann nun endlich in die Tat umgesetzt werden.

Zwei Monate zuvor hatte ich durch Verwandte in Dänemark die traurige Nachricht erhalten, dass Daniels Frau mit dem beeindruckenden Namen Sevenlittlesisters verstorben war, was ihn schwer getroffen habe. Ich habe ihm natürlich sofort unser Beileid bekundet, aber nie eine Antwort erhalten. Was mich verwunderte, da er sonst immer umgehend antwortete. Ich schreibe ihm also erneut, dass wir jetzt wirklich bald nach Samoa und Amerikanisch-Samoa kommen wollen und ich endlich mit der Recherche begonnen habe, wie sein Vorfahre und die Familie Langkilde nach Samoa gekommen sind. Auch auf diese Nachricht erhalte ich keine Antwort. Ich schiebe sein Schweigen auf die Trauer über Sister, wie sie genannt wurde, und melde mich erst Wochen später wieder bei Daniel: »Lieber Vetter, ich bin mir nicht sicher, ob diese Nachricht dich erreicht, ich freue mich aber, dir mitteilen zu können, dass unsere Reise mittlerweile konkrete Formen annimmt. Ich bin sehr gespannt.«

Daniel antwortet nicht. Über Facebook bekomme ich schließlich Kontakt mit anderen Langkildes in Amerikanisch-Samoa, und sie erzählen mir, dass der Tod seiner Frau Daniel sehr zugesetzt und sich sein Diabetes rapide verschlechtert habe. Die Krankenhäuser in Amerikanisch-Samoa seien nicht gut genug ausgestattet für schwere Erkrankungen, weshalb Daniel zur Behandlung auf das amerikanische Festland geflogen sei. Er sei in einer Klinik in Kalifornien, die Familie hoffe aber auf seine baldige Rückkehr. Ich sende ihm einen weiteren Gruß mit meinen besten Genesungswünschen und schreibe ihm, dass ich mich auf unser Wiedersehen freue. Am 28. Mai 2019 stirbt Daniel in einem Krankenhaus in San Diego, USA.

Die Nachricht von seinem Tod trifft mich wie ein Schlag. Meine Samoa-Pläne fußen in erster Linie auf meinem Treffen mit Daniel. Für mich ist er die Personifizierung alles Samoanischen, meine einzige Verbindung zu der Insel und diesem Zweig meiner Familie. Außerdem hat er als Person einen tiefen Eindruck bei mir hinterlassen. Ich habe mich darauf gefreut, ihn wiederzusehen und richtig kennenzulernen. Dazu wird es jetzt nicht mehr kommen.

In meiner Vorstellung kann eine Reise nach Samoa nur auf einem Dampfschiff erfolgen. Ich sehe mich mit Hut am Bug stehen und zum Horizont spähen, bis sich die Küste eines frühen Morgens aus dem Nebel schält. Ich habe wohl zu viele amerikanische Filme gesehen. Samoa ist so weit von Dänemark entfernt, wie es nur geht, trotzdem sind die Inseln natürlich mit Linienflügen erreichbar und die Tickets im Internet erhältlich. Dieses Mal machen wir wirklich Nägel mit Köpfen, und am 17. Juli sitze ich schließlich mit Sisse, Andreas und Emilie im Flug SQ351 nach Singapur, von wo wir weiter nach Auckland, Neuseeland, fliegen, um dort den Flieger nach Apia zu nehmen, der Hauptstadt von Samoa. Die Reise dauert mehrere Tage mit vielen Stunden Aufenthalt, sodass ich viel Zeit habe, über alles nachzudenken, was uns auf Samoa erwartet.

Ich schlafe während der gesamten Reise nur wenig, und irgendwo über Indien wandern meine Gedanken wieder zu Daniel. Ich bin traurig und zugleich voller Erwartungen an die große Reise und die Begegnung mit unserer Familie. Und schließlich überwiegt die kindliche Freude, nun bald an dem Ort zu sein, von dem ich schon als Kind geträumt habe.

Am späten Abend setzt das Flugzeug zum Sinkflug an auf den Flughafen Faleolo. Wir sehen nicht viel, als wir aus dem Flugzeug zu dem kleinen, niedrigen Terminalgebäude gehen. Im Dunkeln melden sich jedoch andere Sinne, und ich rieche und höre, dass wir an einem Ort sind, der an keinen anderen Ort erinnert, an dem ich bisher gewesen bin. Die Klänge einer akustischen Gitarre und das Bellen eines Hundes dringen an mein Ohr und sagen mir, dass es schön werden wird.

Am Gepäckband sehe ich, woher die Gitarrenmusik kommt. Drei ältere samoanische Männer spielen in leuchtend blauen Hemden traditionelle Lieder, um uns und die anderen Wartenden zu unterhalten. Am Gepäckband stehen vor allem

Einheimische und warten auf große, mit Schnur und Tape verschlossene Plastikkisten. Es sieht fast nach einem Umzug aus, aber vielleicht haben die Einheimischen auch nur in Neuseeland eingekauft, was sie hier nicht bekommen können. Wir haben vor, mit einem Taxi zu dem Hotel in der Hauptstadt zu fahren, wo wir ein Zimmer gemietet haben. Während wir und unser Gepäck von Beamten in hellblauen Hemden kontrolliert werden, diskutieren wir lebhaft, was uns in den nächsten Wochen wohl erwartet.

Als wir schließlich in die kleine Ankunftshalle treten, geschieht so viel auf einmal, dass mein Kopf es gar nicht richtig verarbeiten kann. Plötzlich habe ich einen Blumenkranz um den Hals und umarme eine breit lächelnde samoanische Frau, die sich als Cousine Juliet vorstellt. Das Empfangskomitee besteht aus fünf Personen, und wir vier sind einfach nur baff, dass sie so spät am Abend noch die 45 Minuten aus der Hauptstadt zum Flughafen gefahren sind, um uns willkommen zu heißen. Alle fünf sind Nachkommen von Hans Alfred und somit Blutsverwandte von uns, und wir amüsieren uns, wie unterschiedlich wir aussehen. Juliets Mutter Theresa, eine kleine, charismatische Frau, hebt sich deutlich von den anderen Menschen in der Halle ab. Sie ist eine Urenkelin von Hans Alfred und freut sich darauf, uns all die Orte zu zeigen, an denen die Familie gewohnt und gelebt hat.

Vor der Abreise aus Dänemark habe ich vor allem mit Familienmitgliedern aus Amerikanisch-Samoa kommuniziert und vage Pläne für die nächsten Wochen geschmiedet. Jetzt zeigt sich, dass sich die gesamte Familie aus Samoa und Amerikanisch-Samoa intensiv über unseren Besuch ausgetauscht und eine ganze Reihe von Aktivitäten geplant hat. Und natürlich haben sie auch für das Empfangskomitee gesorgt. Ich hätte die ganze Nacht auf dem Flughafen stehen und mich mit Juliet und Theresa und den anderen unterhalten können, aber die Kinder sind nach der strapaziösen Reise müde, und Sisse erinnert mich daran, dass wir noch viel Zeit zum Reden haben. Ich verabrede mich mit Theresa für den nächsten Tag, wenn alle ausgeruht sind. Widerstrebend verabschiede ich mich von ihnen und bedanke mich noch einmal für den vollkommen unerwarteten Empfang. Danach nehmen wir ein Taxi in die Hauptstadt Apia.

Auf den unbeleuchteten Straßen ist nur wenig zu erkennen. Aber in den Siedlungen entlang der schmalen Straße fallen uns die bunt gestrichenen Häuser auf. Einige sind blau, andere grün. Die Dächer scheinen aus Blech zu sein, und einige dieser Gebäude wirken eher wie Hütten oder Schuppen. Emilie bemerkt begeistert die vielen süßen Hunde an den Straßenrändern. »Die sind alles andere als süß«, meint der Fahrer und rät uns aufzupassen. »Die sind verwildert und bissig.« Ein paar Kilometer weiter muss er bremsen, weil ein hundegroßes Tier über die Straße läuft. Emilie fragt, ob das eine besondere samoanische Hunderasse sei, während ich längst erkannt habe, dass das ein Schwein war. »Schweine gibt es hier auch reichlich«, sagt der Fahrer, »aber die beißen wenigstens nicht.«

Bevor wir im Hotel nach viel zu wenig Schlaf der letzten Nächte alle vier in unsere Betten fallen, stelle ich mich noch kurz auf die Terrasse vor unserem Zimmer, starre ins Dunkel und nehme die Geräusche und Gerüche auf. Im Hintergrund erahne ich einen Berg, und das Meer scheint auch nicht weit entfernt zu sein. Ob Hans Alfred dort draußen an der Küste entlanggesegelt ist?

Ich denke an Daniel. An den Empfang im Flughafen und die weiß-roten Blumenkränze. Wie wohl die Pflanzen aussehen, die diese wunderbaren Blüten tragen? Ich bin gespannt auf unsere Expedition. Werde ich Hans Alfreds Grab finden? Können wir das Dorf besuchen, in dem er die Häuptlingstochter getroffen hat? Wird es mir gelingen, herauszufinden, was den jungen Langkilde nach Samoa geführt hat und was ihm hier widerfahren ist? Und wie wird es mit all den Verwandten drüben in Amerikanisch-Samoa laufen? Sind sie anders als hier? Ich denke an das Schwein auf der Straße und freue mich auf ein anständiges Essen. Und dann denke ich nur noch an Schlafen.

Walfang

Der Gestank im Hafen von New Bedford, Massachusetts, war unbeschreiblich, der Lärm infernalisch. Auf Hunderten von Schiffen, die am Kai lagen, waren Tausende von Menschen beschäftigt. Der Dunst von Tran und verrottetem Fleisch biss einem in der Nase. Für Hans Alfred jedoch war es der Duft von Abenteuer.

Der Hafen war seit vielen Jahren einer der wichtigsten Knotenpunkte der Walindustrie. Als Hans Alfred im Sommer 1869 dort ankam, war das erste goldene Zeitalter des Walfangs bereits seit zehn Jahren vorüber. Reeder und andere Investoren hatten Millionen Dollars gewonnen oder verloren. Obwohl neue Stoffe wie Petroleum den Tran ersetzten und der Walfang dadurch rückläufig war, gab es noch immer genügend Arbeit.

Der Walfang zog verschiedene Arten von Menschen an. Die einen heuerten aus purer Not an, andere, weil sie auf der Flucht vor dem Gesetz oder ihren Schuldnern waren. Wieder andere – wie der rothaarige Däne – suchten Abenteuer und Reichtum. Im Vergleich zu den meisten Männern, die in New Bedford auf den Walfangschiffen anheuerten, war Hans Alfred hochgebildet.

Walfänger gab es in allen Größen, von kleinen Schonern, die nur das halbe Jahr auf See verbrachten, bis zu riesigen Briggs, die die Ozeane überquerten und bis zu drei oder vier Jahre unterwegs waren. Die großen Segelschiffe waren in der Regel 100 bis 150 Fuß lang und wogen zwischen 250 und 400 Tonnen. (Zum Vergleich: Ein Buckelwal wiegt gut 35 Tonnen.)

Alle Schiffe hatten ein oder mehrere offene Walfangboote dabei, die mindestens sechs Mann Besatzung brauchten: vier an den Rudern, einen Steuermann und einen Harpunier. Die hölzernen Ruderboote waren leicht, um bei Sichtung eines Wals rasch zu Wasser gelassen und schnell gerudert werden zu können. Zu ihrer Ausrüstung gehörten viele Meter Tau und etliche Harpunen, die damals noch per Hand geworfen wurden. Die Widerhaken der Harpunen hielten den Wal fest, damit er ans Mutterschiff gezogen und an dessen Seite befestigt werden konnte. Dann begann das Flensen. Große Streifen Walspeck wurden an Deck gezogen und dort bearbeitet.

Die Jagd war lebensgefährlich, denn wenn die großen Tiere um ihr Leben kämpften, konnten sie die schnellen Boote leicht zum Kentern bringen. Viele Seeleute verloren dabei ihr Leben. Manch einen reizte aber gerade dieser Kampf mit den riesigen Meeressäugern.

Hans Alfred heuerte auf der »Matilda Sears« an, einer 232-Tonnen-Bark, deren Kapitän William D. Gifford ihn als Schiffszimmermann einstellte. Am Samstag, den 31. Juli 1869, trat das Schiff eine Reise an, die vier Jahre dauern sollte.

Die Besatzung eines Walfangschiffs variierte je nach Größe von fünfzehn bis fünfunddreißig Mann. In den meisten Fällen war es eine bunt gemischte Versammlung aus aller Welt mit sehr unterschiedlicher Erfahrung. Und mit der Hierarchie an Bord war nicht zu spaßen.

An der Spitze stand der Kapitän, gefolgt vom Steuermann und den »Obermatrosen«, die den Befehl auf den Ruderbooten hatten. Einen Sonderstatus nahmen die Harpuniere ein, denn ihr Geschick entschied über Erfolg oder Misserfolg der gesamten Mannschaft sowie über die Höhe des Lohns, wenn sie mit reicher Beute Land erreichten. Ganz unten in der Hierarchie standen die »Grünschnäbel«, die neu angeheuerten Schiffsjungen, dazwischen Schmied, Koch und Zimmermann.

Als solcher war Hans Alfred im Prinzip nicht direkt am Walfang beteiligt. Seine Aufgabe war es, an Deck des Mutterschiffs zu helfen, wenn die Ruderboote zu Wasser gelassen oder ein Wal geflenst und an Deck gezogen wurde. An der Verarbeitung der Wale an Bord waren aber alle beteiligt.

Hans Alfreds Hauptaufgabe war jedoch die Instandhaltung des Schiffes. Er führte Reparaturen aus, damit das Schiff seetüchtig blieb oder wenigstens den nächsten Hafen erreichte. Dort konnte sich die Besatzung auf eine kurze Pause, frische Versorgung und vielleicht einen Besuch im Bordell freuen.

In den großen Häfen wurden Brennstoff, Tauwerk und andere notwendige Materialien eingekauft. Außerdem konnte man nur dort zum Arzt gehen oder schwere Schäden wie Mast- oder Ruderbruch reparieren lassen.

Das Leben an Bord war echte Knochenarbeit. Die Walfangschiffe waren segelnde Fabriken, auf denen die Männer bis zu den Waden in Blut, Fett und Eingeweiden standen. Mittschiffs war eine Plattform mit großen Kochstellen eingebaut, wo der Walspeck in gewaltigen Kesseln zu Tran verkocht wurde. Der Rauch und der Gestank waren erstickend, die Arbeit schmutzig und das Verbrennungsrisiko hoch. Obendrein wurde alles auf hoher See verrichtet, bei Sturm, Regen oder sengender Sonne.

Das aus dem Speck gewonnene Öl wurde von den Männern in große Fässer gefüllt. Abnehmer gab es genug. Die Industrialisierung der westlichen Welt schritt voran, und man brauchte Walöl für Straßenbeleuchtung, Lampen und Kerzen, die Herstellung von Seife sowie als Schmiermittel.

Die Walfänger bevorzugten Pottwale, weil diese neben der üblichen Ausbeute an Tran auch Spermaceti (Walrat) produzieren, ein damals sehr wertvolles Öl, das in den Köpfen der Tiere durch unterschiedliche Verteilung zur Echoortung dient. Ein durchschnittlich großer Pottwal lieferte bis zu drei Tonnen Öl und 250 Kilo Spermaceti.

Manche Pottwale hatten auch Klumpen des »grauen Goldes« Ambra im Verdauungstrakt, was ein Extrabonus für die Walfänger bedeutete. Die wachsartige Substanz wurde unter anderem in Parfüms und als Aphrodisiakum verwendet. Die bis zu 400 Kilo schweren Klumpen konnten einen Mann reich machen.

Auch Bartenwale standen hoch im Kurs. Die meterlangen Barten, mit denen die Wale Plankton aus dem Wasser filtern, bestehen aus Keratin, aus dem man Kämme, Korsetts, Rockreifen und Schirmstreben für die reichen Damen der Welt herstellte. Die Barten wurden gebündelt, gestapelt und an Deck festgezurrt, wo die Trankessel rund um die Uhr dampften und sich der strenge Geruch längst in allen Kleidern festgesetzt hatte.

Die langen Zeiten auf See prägten die Besatzung. Der Umgangston war derb, die Sitten roh. Langeweile, Abstinenz und Krankheiten drückten die Stimmung, und Kleinigkeiten führten häufig zu Schlägereien. In Hans Alfreds Fall hielt das Leben auf See die Paranoia auf Abstand, die ihn seit dem Krieg und dem Kampf mit dem Deutschen verfolgte. Wenn die Angst wiederkam, zwang er sich, rational zu denken. Er kannte jeden Mann an Bord, und keiner kannte seine Vergangenheit, also gab es nichts zu befürchten, ermahnte er sich und spülte die Angst mit Alkohol herunter.

Paranoid oder nicht, Hans Alfred war von Kindesbeinen an ein Hitzkopf und ließ sich leicht provozieren. Auf dem Walfangschiff schlugen die Wellen in jeder Hinsicht schnell hoch, und der Kapitän musste des Öfteren eingreifen und einen Raufbold an den Mast fesseln, bis er sich beruhigte. Danach stießen die Männer meist wieder friedlich miteinander an, sangen, spielten und erzählten Räubergeschichten.

Viele vertrieben sich die Zeit mit der Schnitzerei von Walzähnen oder -knochen. Die Männer arbeiteten, schliefen, aßen und verrichteten ihre Notdurft. Tag für Tag, Woche für Woche, Monat für Monat, Jahr für Jahr. Der Job zehrte körperlich und geistig an ihnen, und manchmal traf es selbst die Härtesten. Besonders auf den langen Touren forderten Krankheiten wie Pocken, Typhus, Skorbut, Cholera, Malaria, Gelbfieber und Ruhr ihren Tribut an Bord der Walfangschiffe.

Die durchschnittliche Lebenserwartung eines Matrosen betrug 40 bis 45 Jahre. Da meist kein Arzt an Bord war, musste man selbst behandeln, operieren oder amputieren, was nicht selten schiefging. Die verstorbenen Kameraden wurden nach höchstens einem Tag nach einer kurzen Zeremonie dem Meer übergeben, da mit einer Leiche an Bord zu segeln Unglück brachte.

»Wem es vorausbestimmt ist, den holt sich die See« hieß es. Jedes Jahr erlitten etliche Walfänger Schiffbruch, ganze Mannschaften ertranken. Viele Seeleute konnten nicht schwimmen, und wer über Bord fiel, war in der Regel sich selbst überlassen. Die großen Schiffe waren nicht in der Lage, schnell genug anzuhalten oder zu wenden, um einen Ertrinkenden zu retten. Im besten Fall warf man dem Unglücksraben eine Tonne oder ein Tau hinterher und hoffte das Beste.

Obwohl die Männer behaupteten, den Tod nicht zu fürchten, waren Glaube und Aberglaube auf den Schiffen weit verbreitet. Beim Bau eines neuen Schiffes legte man Silbermünzen in den Mastschuh, an viele Masten wurden Hufeisen genagelt. Ein Delfinschwanz am Heck verlieh Geschwindigkeit, ein Kreuz am Bug hielt das Böse fern. Jeder Matrose trug einen Talisman, zum Beispiel ein Amulett an einer Halskette, ein Stück Bernstein oder Koralle in der Tasche oder einen Goldring im Ohr. Christen ließen sich Kreuze tätowieren, um nicht von Haien oder Wassermännern verschlungen zu werden, wenn sie über Bord gingen.

Hans Alfred war getauft und konfirmiert, aber der letzte Rest seines kindlichen Glaubens wurde ihm Weihnachten 1859 genommen, als er Mutter und kleinen Bruder verlor. Trotzdem ertappte er sich manchmal beim Beten, wenn das Schiff wieder einmal kurz vorm Kentern war oder die Wale auf sich warten ließen. Das Leben auf See war anders als alles, und er umklammerte die Goldmünze, die er immer in seiner Tasche trug. Ob sie ihm das Glück bringen würde, das sein Vater ihm gewünscht hatte, wusste er nicht.

Das Schiff war mit eingesalzenem Fisch und Fleisch beladen, es gab lebende Hühner und Enten, Trockenfrüchte und Kartoffeln. Frisch gefangener Fisch oder Meeresschildkröten waren eine willkommene Abwechslung auf dem Speiseplan. Aber auch das Ungeziefer gedieh, das Fleisch verrottete, und die Mannschaft wurde nicht selten krank. Trotzdem war für viele Matrosen das Leben auf See besser als ein Leben an Land. Trotz des unvorhersagbaren, oft eintönigen Alltags und trotz aller Unterschiede hatten sie das gemeinsame Ziel, Geld zu verdienen.

Hans Alfred dachte ab und zu an Dänemark, seinen Vater und seine Geschwister. In Gedanken formulierte er ellenlange Briefe über seine unglaublichen Erlebnisse, doch sobald er die Feder zur Hand nahm, wurde sein Ton weniger abenteuerlich. Letztendlich schrieb er der Familie hauptsächlich Fakten und Floskeln.

In Frederiksgave erwartete man jeden Tag gespannt den Postboten, und war ein Brief von Hans Alfred dabei, nahm sein Vater sofort den Brieföffner zur Hand. Vorsichtig schnitt er das Papier auf und las die kurzen Berichte über die Position der »Matilda Sears«, das Wetter und den Fang oder den

Mangel desselben. Er las von Städten, die sein Sohn gesehen hatte, welche Häfen sie als Nächstes anlaufen würden – und dass er nicht viel Geld hatte. Der Jagdmeister antwortete mit Berichten von zu Hause, die postlagernd in die Häfen geschickt wurden, wo manchmal ein ganzer Stapel Briefe auf Hans Alfred wartete.

Am letzten Junitag des Jahres 1869, wenige Wochen nachdem Hans Alfred Dänemark verlassen hatte, brannte es in Frederiksgave. Hans Alfreds Vater war an jenem Tag nicht anwesend. Das Feuer brach in einem Stallgebäude aus und griff wegen des starken Windes schnell auf weitere Gebäude über. Das Haupthaus war davongekommen, das rote Pächterhaus aber, in dem Hans Alfred aufgewachsen war, war stark beschädigt. Bilder, Briefe, Dokumente, Fotografien, Möbel und weiteres Inventar waren zerstört, und die Familie wohnte nun im alten Haus des Verwalters. Zum Glück war kein Mensch zu Schaden gekommen, aber Langkilde hatte hundertfünfzig Schweine und sieben Pferde verloren.

Zwar komme ihnen das Unglück recht teuer zu stehen, schrieb der Vater an Hans Alfred, doch glücklicherweise habe er vor wenigen Jahren eine gute Versicherung abgeschlossen. Hans Alfred hoffte, dass die Pferde nicht zu sehr gelitten hatten.

Für Hans Alfred waren die Briefe die einzige Verbindung zu seiner früheren Welt. Einen davon hätte er lieber nie bekommen, nämlich die kurz gefasste Mitteilung, dass seine Schwester Elisabeth im Alter von 12 Jahren nach längerer Krankheit verstorben war. Ihr Anteil am Erbe der Mutter solle 1875, wenn sie 18 Jahre geworden wäre, an die restlichen Geschwister verteilt werden, dann bekomme Hans Alfred 74 Reichstaler, 5 Mark und 3/16 Schilling.

Hans Alfred hielt den Brief fest in der Hand und hämmerte mit der Faust auf die Reling. »Verdammt!«, schrie er ins weite Nichts. Er war wütend, aber zugleich auch erleichtert, nicht noch ein Familienmitglied im Sarg aus der Kirche von Sønderby tragen zu müssen.

Das Walfangschiff war sowohl das vorübergehende Heim Hans Alfreds und seiner Kameraden als auch ihre Bank. Die Heuer der Seeleute stieg proportional mit der Anzahl der Fässer, die sie mit Tran füllten, und alle freuten sich auf den Tag, an dem sie mit voller Ladung in den Heimathafen einfahren und ihr Geld ausgezahlt bekommen würden.

Die Anteile wurden je nach Rang verteilt. Am meisten bekamen der Kapitän und die Investoren, am wenigsten die Schiffsjungen. Die Aufenthalte in den Häfen waren zwar praktischer Natur, doch auch strategisch war es wichtig für den Kapitän, dass seine Männer ab und zu an Land kamen, wenn er nicht riskieren wollte, dass sie den Mut verloren und im schlimmsten Fall desertierten oder meuterten.

Der Walfang war eine Lotterie, und die Männer an Bord hofften auf einen Anteil am großen Gewinn. Viele von ihnen besaßen nicht mehr als die Kleider, die sie am Leib trugen. Dabei war das Leben auf See nicht umsonst. Auf den Schiffen gab es einen lebhaften Handel mit Alkohol, Tabak und mehr. Auf ihren Landgängen legten die Seeleute Vorräte an neuen Kleidern, Seife und Rasierzeug an. Manch einer verbrauchte seine Heuer gar auf Vorschuss, was das Leben auf den Walfangschiffen zum Teufelskreis machte.

Hans Alfred war relativ gut gestellt, doch eine leere Lohntüte betraf auch ihn. Von dem erbärmlichen Grundlohn konnte man weder leben noch sterben, und von solchen Verhältnissen hatte er ganz sicher nicht geträumt.

Die Harpunen lagen unbenutzt in den Booten, kein Wal war in Sicht, und die Besatzung wurde langsam unruhig.

Vielleicht waren sie nur am falschen Ort, vielleicht bezahlten sie langsam aber auch die Rechnung für die massive Überjagung, durch welche die Wale beinahe ausgerottet waren. Sechs Monate waren vergangen, seit sie zum letzten Mal einen Wal an Bord gezogen hatten, und als die »Matilda Sears« am 3. Februar 1870 den Hafen Mangonui im Nordosten Neuseelands anlief, herrschte schlechte Stimmung an Bord. Sie wollten Trinkwasser auffüllen und ein paar Schäden reparieren. Kapitän Gifford rechnete mit zwei Wochen Wartezeit und befahl den Männern, in dieser Zeit Fisch zu laden. Das Schiff lag vorm Hafen vor Anker, während der Kapitän auf die Anlandeerlaubnis wartete, und die Männer mussten mit den kleinen Walfangbooten an Land gerudert werden.

Hans Alfred ging mit einigen anderen in eine Hafenkneipe, wo sie ihrem Frust, weit weg von den Augen und Ohren des Kapitäns, freien Lauf ließen.

Die Besatzung war durch Verträge, die sie nicht einfach brechen konnten, an die Reederei gebunden, andererseits warteten hinter der nächsten Landzunge vielleicht schon ein oder zwei Wale. Die Vorstellung, wochenlang Fisch laden zu müssen, fanden einige ganz und gar unerfreulich. Die Männer tranken schweigend weiter und überlegten, was sie tun konnten, bis einer einen Vorschlag machte.

Wenige Tage später schrieb ein verärgerter Kapitän in sein Logbuch, dass in der Nacht zuvor zwischen elf und drei Uhr neun Männer den Wachtposten überwältigt und eines der Walfangboote gekapert hätten. Mit Vorräten aus dem Lager des Kochs waren sie an Land gerudert. Kapitän Gifford notierte die Namen der Abtrünnigen. Einer von ihnen war »John Lingkille« alias Hans Alfred Langkilde.

Der Traum von einer Südseeinsel

Hans Alfred und seinen acht Gefährten drohten harte Strafen. Desertion war ein schweres Verbrechen, und der Kapitän startete sogleich eine Suchaktion. Er schickte Einheimische auf die Fährte der Geflüchteten, die die Gegend nicht kannten und nicht weit gekommen sein konnten. Das kleine Städtchen Mangonui war von dichtem, dschungelartigem Wald umringt, der den Deserteuren Schutz bot.

Hans Alfred und seine nicht minder desperaten Gefährten fürchteten, als Gefangene zurück auf die »Matilda Sears« gebracht zu werden. Sie bezweifelten keine Sekunde, dass sich die Neuigkeit von den neun desertierten Seeleuten in Windeseile verbreitet hatte und man sie jagen würde. Vielleicht hatte der Kapitän sogar eine Belohnung auf ihre Ergreifung ausgesetzt?

Als Strafe mussten sie nach der Rückkehr in den Heimathafen nicht nur ein hohes Bußgeld und vielleicht Gefängnis erwarten. Kielholen und andere brutale körperliche Bestrafungen waren zwar inzwischen verboten, doch hatte jedes Schiff seine eigenen Regeln, um Streithähne im Zaum zu halten oder die Befehlsgewalt des Kapitäns zu sichern. Die Männer beschlossen, sich zu trennen, weil sie als Gruppe zu leicht zu finden waren.

Hans Alfred kam zu dem Schluss, dass er drei Möglichkeiten hatte. Er konnte zurück zum Schiff gehen, seine Strafe akzeptieren und beten, dass die Wale wiederkämen. Oder er begab sich auf die lange Heimreise nach Dänemark, um dort auf einen Posten beim Militär zu hoffen. Alternativ könnte er

auf einem anderen Schiff anheuern, egal wohin es ihn brachte. Die Entscheidung fiel ihm nicht schwer.

Tagsüber versteckte er sich im Wald, wo er sich von den
sparsamen Rationen aus Brot, Fleisch, Wasser und Trocken-
früchten ernährte, die sie von den Vorräten des Kochs ge-
stohlen hatten. Nach Einbruch der Dunkelheit wagte er sich
näher an Mangonui heran, um zu sehen, ob Kapitän Gifford
und die »Matilda Sears« noch immer im Hafen lagen. Er
überlegte, sich wie einige seiner Gefährten nach Auckland
durchzuschlagen, wo es einen größeren Hafen gab. Aber da in
Mangonui auch niemand wusste, wie er aussah, rechnete er
sich gute Chancen aus. Nach einem Monat legte die »Matilda
Sears« dann endlich ab und verließ die Bucht, worauf er zum
Hafen zurückgehen und eine neue Heuer suchen konnte.
Schon nach kurzer Zeit wurde er auf einem Walfänger aufgenommen, der offenbar mehr Jagdglück hatte. Seine Reise in
die Welt hinaus konnte weitergehen. Er wusste nicht, wo sie
enden würde, Hauptsache, es war nicht Dänemark.

Für Hans Alfred begann die Verwirklichung seines Kind-
heitstraums, als er Vater und Vaterland am Kai von Kopenhagen zurückließ: die Welt kennenzulernen und eigene Entscheidungen zu treffen. Trotz der Drangsal, die er unterwegs
erlebt hatte, kniff er sich immer wieder in den Arm, um si-
cherzugehen, dass dies alles kein Traum war.

Von fremden Ländern, Ozeanen und Kulturen zu lesen
war eine Sache. Ganz anders aber war es, mitten im Polarmeer
auf einem schwankenden Schiff zu stehen, von Seekrankheit
und Todesangst geplagt, aber gleichzeitig mit Adrenalin voll-
gepumpt, um im Jahr darauf in China an Land zu gehen. China! Das Land auf der anderen Seite der Erde, das Hans Christian Andersen in »Des Kaisers Nachtigall« beschrieben hatte.
Andersen, der auch aus Fünen stammte und dessen Märchen
ihm seine Mutter vorgelesen hatte, als er klein war.

Der Gedanke an seine Mutter versetzte ihm noch immer einen Stich im Herzen, und nach einigen Jahren auf See kam eine neue Sehnsucht in ihm auf.

Das Leben an Deck hatte ihn körperlich abgehärtet, aber innerlich verändert. Die Abenteuerlust war allmählich gestillt, und die ewige Flucht vor Verpflichtungen und der Vergangenheit hatte ihn müde gemacht. Obwohl das Trauma des Krieges und der vermeintliche Totschlag, seine paranoiden Tendenzen und seine Hitzköpfigkeit ihn noch immer antrieben, zog ihn seit Neuestem auch eine Kraft in die andere Richtung.

Auf seiner Weltreise hatte Hans Alfred extreme Kontraste erlebt, vom eiskalten, unbelebten Polarmeer über das exotische China bis hin zum Südpazifik, wo er sich nun befand. Wie oft hatten er und die anderen Männer beim Vorbeisegeln sehnsuchtsvolle Blicke auf kleine, palmenbewachsene Inseln geworfen.

Von Kindesbeinen an war Hans Alfred von *Gullivers Reisen* und *Robinson Crusoe* begeistert gewesen, von fantastischen Geschichten und dem Überlebenskampf in tropischen Gefilden.

Den Traum von einer Südseeinsel teilte Hans Alfred mit Tausenden von begeisterten Lesern der Südseeliteratur, die seit Ende des 18. Jahrhunderts so beliebt war. James Cooks Reiseberichte gehörten zum Inventar jedes europäischen Großstadtsalons, und nicht zuletzt auch vieler Schlösser und Herrenhöfe, wo man en vogue bleiben wollte.

Cook hatte den Pazifik in die Weltgeschichte eingeführt. Seine Schilderungen waren mitreißend und romantisch. Er verglich die Inseln der Südsee mit Frauen: schön, natürlich und anziehend. Ein zerschlissenes Exemplar seiner Reiseberichte zirkulierte an Bord, und obwohl viele Besatzungsmitglieder kein Englisch konnten oder Analphabeten waren, nährten allein die hübschen Illustrationen Träume in den Köpfen der härtesten Seeleute.

Der britische Offizier und Entdeckungsreisende James Cook war nicht der Einzige, der die Schönheit des Stillen Ozeans und die Möglichkeiten, die man dort hatte, pries. Auch der französische Wissenschaftler und Entdecker Louis-Antoine de Bougainville war begeistert. In seinen Büchern erzählte er von der in seinen Augen perfekten Gesellschaftsordnung vieler Südseeinseln. Der kollektive Gedanke sei dort Wirklichkeit und die Menschen unverdorben, schrieb er.

So entstand ein verklärtes, paradiesisches Bild des Lebens in der Südsee, wo man die Arbeit und das Essen untereinander teilte. Noch unglaublicher schien die Natürlichkeit der Urbevölkerung, insbesondere ihre Einstellung zu Körperlichkeit, Liebe und Sexualität. Eine gesunde, freie Lebensart ohne einzwängende Korsetts, Scham und Schuldgefühle, wie man sie in Europa kannte. Die Eingeborenen liefen mehr oder weniger nackt herum und lebten im Einklang mit der Natur. Keiner arbeitete mehr als notwendig, und es gab immer genug Brotfrüchte, Kokosnüsse, Fische oder andere essbare Tiere.

Für Hans Alfred klang dies wie das Leben in seiner reinsten, einfachsten Form. Ein Leben, das er in Dänemark oder Amerika nie führen könnte, wo harte Arbeit oder ein großes Vermögen die Voraussetzung für ein erträgliches Dasein waren. Doch nun war dieses Leben in greifbarer Nähe.

Hans Alfreds Ziel war Samoa, eine Inselgruppe aus dreizehn fruchtbaren Vulkaninseln mit gut 33 000 Einwohnern. Durch ihre Lage dreitausend Kilometer nordöstlich von Neuseeland waren die Inseln ein natürlicher Zwischenstopp auf dem Weg zur amerikanischen Westküste, und die Samoaner waren als schönes und gastfreundliches Volk bekannt – im Gegensatz zu den Melanesiern aus Fidschi, die der damaligen Rassentypologie zufolge eher »faul, primitiv, diebisch und mordgierig« waren.

Die Samoaner waren Reisende und Händler gewohnt. Mehrere große Handelsgesellschaften mit Sitz in London oder Hamburg hatten Niederlassungen auf den Inseln. Unter anderem verarbeiteten sie Kakao und Kokos und importierten sie nach Europa. Die Inseln wurden von Walfang- und Handelsschiffen angelaufen, um Trinkwasser, Vorräte, Bauholz und Brennstoff aufzufüllen. Wer jemals in Samoa gewesen war, stimmte darin überein, dass die Inseln etwas ganz Besonderes waren.

Die Hafenstadt Apia auf der Insel Upolu hatte sich im Lauf der Jahre zu einer wohlhabenden Oase für Seeleute, Walfänger und Kaufleute entwickelt. Trotz der Fremdheit gab es dort viel Wiedererkennbares für die Reisenden. Die Europäer hatten bereits Hühner, Ziegen, Schweine, Pferde und Katzen sowie Pflanzen aus anderen Weltteilen eingeführt.

In Samoa hatten die lokalen Häuptlinge, die Matai, noch immer einen gewissen Einfluss und Status im Verhältnis zu den Kolonialherren und den zweihundertfünfzig Europäern, die Anfang der 1870er-Jahre auf den Inseln registriert waren. Die indigene Bevölkerung lebte trotz der sprachlichen und kulturellen Barrieren meist friedlich mit den Einwanderern zusammen, und Sex und Waffen waren beliebte Handelswaren zwischen beiden Gruppen.

Für die Häuptlinge waren die modernen Waffen der Europäer wichtig, um sich in den internen Kämpfen zwischen den Inselclans zu behaupten. Umgekehrt waren die hübschen samoanischen Frauen bei den Europäern begehrt, die meist ohne Frauen dort lebten oder seit Jahren zur See fuhren.

Für die Kolonialherren hatte dies den Nachteil, dass ihre eigenen Waffen gegen sie eingesetzt werden konnten, falls die

Stimmung kippte. Und für die indigene Bevölkerung war die Verbindung ihrer Frauen mit Europäern ein zweischneidiges Schwert. Zwar waren neue Gene auf den abgelegenen Inseln sehr willkommen, wo manche Clans infolge von Inzucht aussterben drohten, andererseits hielten auf diesem Weg auch Krankheiten wie Syphilis Einzug in die polynesische Realität. Die ethischen Dimensionen von Sex- und Waffenhandel spielten damals keine Rolle.

Zurück in Neuseeland, heuerte Hans Alfred nach ein paar Wochen erfolgreich auf einem Schiff mit Kurs nach Samoa an. Hans Alfred unterschrieb den Vertrag, laut dem er mindestens sechs Monate an Bord arbeiten sollte, wohl wissend, dass er das nicht einhalten würde. Ungeduldig wartete er auf den Tag der Abfahrt. Er führte seine Aufgaben aus, verhielt sich unauffällig und bereitete sich innerlich darauf vor, irgendwo am fernen Horizont an Land zu gehen.

Dort, auf einer Insel im unendlichen Meer, wollte er die Vergangenheit endgültig hinter sich lassen.

Land in Sicht

Der Pazifik war in jeder Hinsicht eine Pforte zwischen der Alten und der Neuen Welt, doch wo sich die Entdeckungsreisenden vom Fremden faszinieren ließen – Menschen, Gebräuche, Fauna und Flora –, waren die Herrscher und Politiker in Europa eher daran interessiert, die fernen Inseln einzunehmen, um ihre Position in der Welt zu stärken. Die Imperien sollten vergrößert und die Inseln kolonialisiert werden.

Nach dem Ende der Französischen Revolution bekam der britische Philosoph und Politiker Edmund Burke frischen Wind in die Segel. Mit seinen konservativen Ideen, in deren Zentrum Kirche, Familie und das Recht auf Eigentum standen, wurde er posthum zum Sprachrohr einer neuen Richtung der europäischen Politik. Die Südseeinseln, die bis dahin als Garten Eden gegolten hatten, wurden nun als rückständig und geistlos betrachtet, und die Welle der Begeisterung legte sich bald.

Burke zufolge resultierte der einfache Zugang zu Nahrungsmitteln bei den indigenen Inselvölkern in »Faulheit und Bosheit«. Ihre unchristliche Lebensweise führe zu einer sündigen Neigung zum Genuss. Indigene Völker wurden als primitiv und »affenartig« bezeichnet. Mit der Waffe in der einen und der Bibel in der anderen Hand sollten die Inseln ein für alle Mal besetzt werden. Dies war die Ordnung der Natur und die Pflicht der »kultivierten« Völker. Sie täten den Inselbewohnern nur Gutes, wenn sie sie nach europäischem Vorbild zivilisierten.

Mit dieser Ideologie rollte eine Welle der Brutalität und Gewalt über die pazifischen Inseln. Die Spannungen zwischen der indigenen Bevölkerung und den Kolonialherren nahm zu und führte zu blutigen Kämpfen.

Am stärksten betroffen war Melanesien, die westlichen Inseln der Südsee. Dort wurden große Teile der Bevölkerung versklavt oder zu Zwangsarbeit verschleppt. Über 70 000 Männer aus Fidschi und den Salomonen endeten in britischen Strafkolonien in Queensland, Australien.

Die Inseln von Samoa hatten ein anderes Schicksal. Durch ihre Lage, die fortschrittlichen Handelszentren und die verhältnismäßig friedliche Bevölkerung waren sie in jeder Hinsicht attraktiv. Briten, Deutsche und Amerikaner kämpften verbissen um das Inselreich, was viele Jahre später zu einer Aufteilung der Inseln führte.

Trotz der vielen Zugereisten und ihrer unterschiedlichen Vorstellungen, was mit Samoa geschehen sollte, blieb das jahrhundertealte System der Häuptlinge intakt. Einige abgelegene Inselgemeinschaften waren noch nicht einmal von Missionaren besucht worden.

Jede Familie hatte einen Matai an ihrer Spitze, der die Entscheidungen traf und als *ali'i*, das heißt heilig, galt. Oft kämpften die Großfamilien untereinander mit Pfeil und Bogen und Speeren um Macht und Territorien.

Hans Alfred kannte die Gerüchte von den kriegerischen, primitiven Eingeborenen, die auf allen Schiffen und in allen Häfen kursierten. Schon auf der »Matilda Sears« war dies ein beliebtes Gesprächsthema gewesen, das Stoff für viel Seemannsgarn bot. Ihm war klar, dass er schutzlos sein würde, wenn er bei seinem geplanten »Verschwinden« auf einer der Inseln in falsche Hände geriet. Als Palagi, weißer Mann, symbolisierte er Geld und Status. Da er in seinem kurzen Leben aber bereits einen Krieg, ein Duell auf Leben und Tod, Kämpfe mit Walen in einem kleinen Ruderboot, unzählige Stürme und viele Jahre an Bord etlicher Schiffe überlebt hatte, blickte er seinem Schicksal nun mit einem gewissen Zynismus entgegen.

Endlich näherte sich das Schiff Samoa. Vom Deck aus betrachtete Hans Alfred die schöne Insel Upolu, wo Vulkane und mit fruchtbaren Wäldern bewachsene Berge in den blauen Himmel ragten. Der bezaubernde Anblick lockte ihn und erinnerte ihn zugleich an alles, was er hinter sich ließ: das strapaziöse Leben auf See, die ärmlichen Zwischenaufenthalte in irgendwelchen Häfen und nicht zuletzt das Land seiner Kindheit auf der anderen Seite der Erde. Vor seinem inneren Auge zogen Bilder von seiner Mutter und Frederiksgave vorbei. Sommertage im Garten, ihr weiches Kleid, eine sanfte Hand auf seinem Nacken. Seit ihrem Tod war der Hof kein Heim mehr für ihn gewesen, und er hatte nicht das geringste Bedürfnis, dorthin zurückzukehren. Er schickte seiner Mutter einen liebevollen Gedanken und ging noch einmal seinen Plan durch.

Das Schiff sollte die Hauptstadt Apia auf der Nordseite der Insel anlaufen, aber Hans Alfred wollte nicht in den Hafen, wo es von Deutschen wimmelte. Wider jede Vernunft hatte er die Episode vor dem Wirtshaus noch nicht ganz vergessen. Vor allem aber hatte er die Drohung des Kapitäns im Ohr, dass er keine Deserteure duldete, und wenn jemand auf dumme Gedanken käme, ihn die Einheimischen auf jeden Fall gegen Bezahlung finden würden.

Hans Alfred hatte seine wenigen Habseligkeiten in einen Seesack gepackt und seinen Pass, alle persönlichen Papiere und sein Geld in einer kleinen Ölzeugtasche fest um den Leib gebunden. Nun wartete er darauf, dass das Schiff so dicht wie möglich an die Küste kam. Er war kein schlechter Schwimmer, aber der Stille Ozean war keineswegs still. Die Wellen brachen sich hoch an dem Riff vor der Küste. Erst wenn er es über das Riff geschafft hatte, wäre er mehr oder weniger in Sicherheit.

Hans Alfred hatte alle nur erdenklichen Szenarien im Kopf durchgespielt und war mit sich im Reinen, als er die Reling erklomm. Er kannte das Risiko und war bereit.

Dann sprang er.

Die Suche

Ich stehe an einem sehr, sehr weißen, wunderschönen Strand. Die Wellen rollen sanft heran und umspielen meine Füße. Es ist warm. Sehr warm. Die Sonne brennt vom wolkenlosen Himmel. Alles ist, wie ich es mir vorgestellt habe, und die Palmen am Hang hinter mir sehen aus wie aus einem Comic ausgeschnitten. Das Ganze wirkt beinahe wie eine Karikatur. Doch dann ziehen plötzlich Wolken auf. Der klarblaue Himmel wird petroldunkel, und vom Meer her rollt Donner heran. Die ersten Tropfen fallen auf meine Schultern, und Sekunden später stehe ich in einem Sturzregen und bin komplett durchnässt. Die Stimmung ist unwirklich. Erst die Sonne, dann das Unwetter.

In diesem Moment sehe ich ein Schiff vor dem Strand. Es sieht aus, als wäre es aus Holz, und hat ein Segel. Ich kenne mich mit Schiffen nicht aus, aber es kommt mir alt und etwas mitgenommen vor. Durch den Regen glaube ich, jemanden von der Reling ins Wasser springen und an Land schwimmen zu sehen. Ich weiß weder, woher das Schiff kommt, noch, warum die Person ins Wasser gesprungen ist oder das Schiff so nah an die Küste herangefahren ist, und doch bin ich mir sicher, wer das ist. Und dass dieser Mann an der Schwelle zu einem neuen Leben steht. Ja, ich weiß, wer es ist, denn dieser Mann gehört zu meiner Familie. Ich wische mir das Wasser aus den Augen und versuche, Hans Alfred besser zu erkennen. Aber plötzlich ist der Regen weg, und die Sonne scheint mir wieder so scharf in die Augen, dass ich nichts mehr sehe.

Ich drehe mich auf die Seite und nehme mein Telefon. Es ist bald zwölf, ich habe den halben Tag verschlafen. Der Rest der Familie schläft noch, weshalb ich leise auf den Balkon unseres Hotelzimmers schleiche. Die Eindrücke und Gespräche des vergangenen Abends wirken noch nach, trotzdem kommt es mir vor, als wäre es lange her, und ich frage mich, ob das mit dem Schwein tatsächlich passiert ist oder auch nur ein Traum war.

Mein Blick fällt auf einen kleinen Strand mit schneeweißem Sand. Auf der anderen Seite der schmalen Bucht erhebt sich ein Berg, dessen Flanke mit grünen Palmen bewachsen ist, davor das offene Meer. Ich denke an die Geschichten, die man sich in unserer Familie erzählt. Dass Hans Alfred von Bord gesprungen ist, als sein Schiff Samoa passierte, ohne die geringste Ahnung, wie sein weiteres Leben aussehen würde. Ich stelle mir seine Begegnung mit der Häuptlingstochter Melipa vor und wie die Langkildes mit dieser Verbindung über Generationen ihren dänischen Abdruck auf den samoanischen Inseln hinterließen. Einhundertfünfzig Jahre später befinde ich mich mit meiner Familie auf derselben Insel. Ich stehe am Beginn einer Entdeckungsreise, um alle Details über Hans Alfreds Leben und Wirken zusammenzutragen. Und ich fühle mich mit einem Mal vollkommen frei. Frei und glücklich. Dann merke ich, dass ich einen Riesenhunger habe. Ich schleiche zurück ins Zimmer, um nachzusehen, ob Emilie und Andreas wirklich noch schlafen, was der Fall ist.

Meine Ungeduld siegt über mein Verantwortungsbewusstsein als Vater, aber zwölf Stunden Schlaf sollten eigentlich reichen. Außerdem habe ich irgendwo gelesen, dass Kinder auch zu viel schlafen können. Als ich aus dem Bad komme, sind Sisse und die Kinder endlich wach und ebenso neugierig auf unsere Expedition, dass wir schnell unsere Rucksäcke packen und das Hotelzimmer verlassen.

Ehe wir Juliet und ihre Mutter Theresa treffen, bleibt gerade noch Zeit für ein spätes Frühstück. Bemerkenswerterweise scheint niemand von uns unter Jetlag zu leiden. Wir sind alle ausgeruht und motiviert, Neues zu entdecken. Juliet und Theresa wollen uns am Hotel abholen, um dann gemeinsam ein Auto zu mieten und uns auf die Suche nach der Vergangenheit unserer Familie zu machen.

Juliet, Theresa und Juliets Tante Fatima, die schon beim Empfangskomitee am Flughafen dabei war, kommen in einem Taxi. Theresa ist schlank und elegant. Sie trägt ein hellblaues Kleid und eine leichte, weiße Spitzenbluse. Fatima ist fast so groß wie ich und kräftig gebaut. Sie trägt ein dunkelrotes Kleid. Ich besorge uns eine Kanne Kaffee und Tassen, und an einem kleinen Tischchen schmieden wir einen Plan für den Tag. Die Frauen erzählen, dass die Familie weit verstreut auf ganz Samoa lebt und wir eine ganze Reihe von Dörfern, Häusern und Gräbern besuchen müssen. Wir entscheiden uns für eine Route, die an Theresas Heimatdorf Satapuala vorbeiführt. Theresas Vater Victor war der Sohn von Hans Valdemar Langkilde, der wiederum ein Sohn von Hans Alfred und Melipa war. Hans Alfred ist mit anderen Worten Theresas Ur- und Juliets Ururgroßvater. Victor war Fagafaga, also Häuptling. Und das Haus und der Grund, auf dem er und Theresas Mutter begraben liegen, werden noch immer von der Familie bewohnt. Auch das große offene Gebäude, in dem die Ratssitzungen stattfanden, liegt auf dem Grundstück. Danach wollen wir nach Lefaga auf die andere Seite der Insel fahren. Dort liegt das Dorf Faleseʾela, wo Hans Alfred den Missionar Thomas Powell und seine Melipa traf. Ich bin total aus dem Häuschen, bald an dem Ort zu sein, an dem Hans Alfred lebte und vermutlich auch starb.

Wir reden fast zwei Stunden miteinander, und ich versuche, möglichst viele Informationen über die Insel und ihre

Kultur, die Familie, die Verwandtschaftsbeziehungen und Hans Alfred zu sammeln. Die Zeit vergeht wie im Flug. Auch Fatimas Vater hat oft die Geschichte von Hans Alfreds Reise nach Samoa und dessen Duell mit dem deutschen Soldaten erzählt. Dieselbe Geschichte, die wir uns in Dänemark seit Generationen erzählen. Fatimas Vater hat unseren gemeinsamen Nachnamen darum als »Long Killer« gedeutet – eine Erklärung, die die meisten Langkildes auf Samoa übernommen haben. Aus dem Duell ist die Geschichte eines großen, schönen Skandinaviers erwachsen, der wie ein echter Mann einen Rivalen im Kampf um die Gunst einer Frau getötet hat. Ich vertraue ihnen an, dass Hans Alfred nur 1,65 Meter groß war, schön und stark kann er aber trotzdem gewesen sein. Was die Bedeutung unseres Familiennamens angeht, muss ich sie jedoch enttäuschen. Der Name Langkilde rührt nicht von der heroischen Tat eines Soldaten im Namen der Liebe her, sondern von der Keilform des Feldes in Fünen, auf dem der Langkildehof lag, wo Hans Alfreds Großvater geboren wurde.

Ich erkundige mich nach dem Häuptlingssystem auf Samoa und erfahre, dass Theresa das Oberhaupt der Maiava-Familie und damit auch der Langkildes ist. Sie trägt den Titel Fagafagamanualii, ein Matai-Titel, der sie berechtigt, ins samoanische Parlament gewählt zu werden. Der Titel ist in ihrem Ausweis vermerkt, und mir wird bewusst, dass ich immer nur von meinem Cousin gesprochen habe, der Häuptling in Samoa ist, nie aber von meiner Cousine.

Viele Stunden Fahrt auf schmalen Landstraßen stehen uns bevor, weshalb wir beschließen, die erste Etappe der Expedition noch einen Tag aufzuschieben. In der Zwischenzeit besorge ich uns einen Leihwagen und hebe zweitausend Kronen in der Landeswährung Tala ab. In Samoa ist es Brauch, allen, die einem helfen, Geld zu schenken, weshalb ich genug Scheine in der Tasche haben will. Je älter und bedeutender die Person ist, desto großzügiger sind diese Geldgaben. Ein Häuptling hat Anspruch auf eine große Summe. Das nennt man hier die *fa'a Samoa,* die samoanische Art, die einem wirklich überall begegnet. Ich versuche, mehr über diese Bräuche zu erfahren, um den Menschen, denen wir begegnen, Respekt zu erweisen. Auch wenn ich die Geldgeschenke befremdlich finde.

In Falese'ela wollen wir einen der ranghöchsten Häuptlinge und das männliche Oberhaupt der Maiava-Familie besuchen, der den Grundbesitz der Familie in Falese'ela verwaltet und zu der Familie von Hans Alfreds Frau Melipa gehört. Theresa steht als *sa'o* noch über ihm und den anderen Häuptlingen. Trotzdem rangiert der Häuptling in Falese'ela so hoch, dass ich mich darauf einstellen soll, ihm circa zweihundert Tala, also etwa vierhundert dänische Kronen, zu geben. Die Geschenke an Würdenträger sind nicht nur ein samoanischer Brauch, sondern werden von mir als Familienangehöriger und Ausländer, der per se als wohlhabend gilt, erwartet. Neben den Geldgaben sollen wir dem Häuptling und seiner Familie als Zeichen unserer Dankbarkeit auch vier große Weißbrote und ein großes Paket Butter mitbringen. *Fa'a Samoa.*

Nach unserem informativen Gespräch verabschiede ich mich schließlich von Theresa, Juliet und Fatima und trage unsere Rucksäcke zurück ins Hotelzimmer. All das neue Wissen über unsere samoanische Familie fasziniert mich

Den Rest des Tages verbringen wir an dem kleinen Strand, um durchzuschnaufen und zum ersten Mal seit Tagen richtig zur Ruhe zu kommen.

Der Leihwagen ist keine Schönheit, aber er ist geräumig, und die Klimaanlage funktioniert. Um acht Uhr sind wir bereits auf dem Weg zu dem kleinen Dorf Satapuala, das etwa eine Fahrstunde entfernt liegt. Dort sind die Gräber von Theresas Eltern, Victor und Elisabeth. Die Sonne brennt bereits gnadenlos vom Himmel. Ich sitze am Steuer, Sisse auf dem Beifahrersitz, Theresa, Fatima, Juliet, Andreas und Emilie haben hinten Platz genommen. Wir haben gut geschlafen und freuen uns auf die Expedition zu den Orten, an denen Hans Alfreds Kinder und Kindeskinder gewohnt und gelebt haben. Die vor uns liegenden Gespräche bringen hoffentlich Licht ins Dunkel, und wir werden herausfinden, wo Hans Alfred und Melipa begraben liegen. Für mich ist ihr Grab das eigentliche Ziel dieser Reise. Immer wieder muss ich an Fernsehsendungen denken, in denen irgendjemand aufbricht, um entfernte Verwandte zu finden, und dabei Überraschendes erlebt – nur dass es dieses Mal meine Geschichte ist.

Der Weg nach Satapuala ist schmal und voller Schlaglöcher. Ein Teil meines Gehirns konzentriert sich auf das Fahren auf der linken Straßenseite, der andere achtet darauf, keines der Hühner oder Schweine zu überfahren, die am Straßenrand herumlaufen. Wir fahren durch eine offene Landschaft mit gepflegten Wiesen. Die blau, gelb, grün gestrichenen Häuser wirken ärmlich, aber schön. Selbst die Blechdächer oder Zaunpfähle sind in knalligen Farben gestrichen. Bunte Blüten und kräftige Bäume zeugen davon, dass die sonnenverwöhnte Insel genügend Regen abbekommt.

In Dänemark ist jetzt Sommer, hier Winter. Wobei man auf den Inseln im Stillen Ozean von der Trocken- und der Regenzeit spricht. Wir befinden uns also in der Regenzeit, wobei heute die Sonne die Oberhand gewonnen hat. Mir fällt auf, dass die meisten Menschen hier eine Art Wickelrock tragen, den sogenannten Lava-Lava, ein Stück Stoff, das um die Hüften gebunden wird. Die Frauen tragen buntere Stoffe als die Männer. Viele Männer laufen mit bloßem Oberkörper herum. Nicht wenige sind ungesund übergewichtig, wirken aber glücklich und zufrieden.

Die Menschen lächeln uns freundlich vom Straßenrand an.

»Palagi, *white man*«, sagt Juliet vom Rücksitz. »So nennen wir weiße Männer wie dich. Wir grüßen alle Ausländer.«

Ihre Worte versetzen mir einen Stich, und ich denke, dass wir schon jetzt auf dem Weg in ein kulturelles Minenfeld sind. Nach vier Jahren in den USA und ständiger Rassendebatte um Unterschiede und fehlende Gerechtigkeit zwischen den Bevölkerungsgruppen finde ich es nicht unbedingt schmeichelnd, als *white man* bezeichnet zu werden. Andererseits strahlen uns die Leute regelrecht an und wecken eher positive *vibrations*. Keine Vorbehalte oder Ressentiments. Palagi ist nicht abwertend gemeint, erklärt uns Juliet, und wird für alle verwendet, die eine andere Hautfarbe als die Lokalbevölkerung haben. Seit Generationen sind Palagi hier sehr willkommen, da der Genpool auf einer Insel mitten im Stillen Ozean aus natürlichen Ursachen begrenzt ist. Vermutlich war Hans Alfred aus ebendiesem Grund ein heftig umworbener Mann, als er in Falese'ela an Land ging, seiner geringen Körpergröße, der blassen Haut und den roten Haaren zum Trotz. Obwohl auch Samoa mehrfach besetzt und unter der Oberhoheit fremder Mächte wie Deutschland, USA, Großbritannien und Neuseeland stand, hat sich dort nie eine Abneigung gegen Weiße eingestellt.

Ich bin hin- und hergerissen. Einerseits stimmt es mich optimistisch, wie einfach das Leben hier scheint, andererseits fühle ich mich schuldig, weil ich als reicher Däne meinen Urlaub bei armen Inselverwandten verbringe. Juliet sagt, ich solle nicht so denken. Alle Samoaner würden mir mit Offenheit und Gastfreundschaft begegnen, auch das sei *fa'a Samoa*. Man hat vielleicht nicht viel, aber was man hat, teilt man gerne. Im Gegenzug erwarte man vom Besucher ja schließlich Geschenke oder einen finanziellen Beitrag. Meine Schuldgefühle weichen der Demut vor dieser Kultur, die ganz anders ist als die in Dänemark verbreitete »Ich-bin-mir-selbst-genug-Attitüde«.

Wir biegen von der schmalen Straße auf einen noch schmaleren Weg ab. Es gibt keine Ortsschilder oder andere Hinweise, wo wir uns befinden. Ohne die Frauen auf der Rückbank hätte ich Satapuala niemals gefunden, geschweige denn den Weg zurück.

Das Dorf besteht aus einer Reihe weiß gestrichener, niedriger Häuser mit Blechdächern. Die Bewohner scheinen sich darauf geeinigt zu haben, die Fundamente, Fensterrahmen und Türen in hellem Türkis oder Grün zu streichen. Die Häuser liegen etwas abseits des Weges hinter großen, offenen Rasenflächen. Bei vielen steht ein traditionelles samoanisches Fale im Vorgarten, ein traditionelles, offenes Haus ohne Wände. Das hohe, leicht geneigte Dach ruht auf den Eck- und Wandpfosten der Konstruktion. Bevor die europäische Bauweise ihren Einzug hielt, wohnten die Menschen hier so. Tagsüber kühlte der Wind das offene Haus, und nachts ließ man ringsherum geflochtene Matten herunter, um etwas Privatsphäre zu haben. Ich parke den Wagen nach Theresas Aufforderung vor einem großen, weißen Haus mit grün angelaufenem, in die Jahre gekommenem Blechdach. Das Haus besteht aus drei Bereichen mit einem großen, offenen Fale auf der rechten Seite des Grundstücks.

Vor dem Haus wachsen gepflegte, tropische Pflanzen und Büsche mit langen roten Blättern. Hohe dünne Palmen und das Gezwitscher der exotischen Vögel zeugen davon, dass wir weit von Dänemark entfernt sind. Vor dem großen Haus befindet sich ein abgesperrter, eingezäunter, etwa fünfzehn Quadratmeter großer Bereich mit einer Betonkonstruktion, die wie eine Treppe aussieht. Der untere Betonsockel ist weiß gestrichen und erinnert an den Zugang zu einem unterirdischen Schutzraum, ist aber ein Grab. Und auf dem schönen, blank polierten Grabstein aus dunklem Granit steht mein Familienname.

Victor

Victor Fagafaga Maiava Langkilde. Geboren am 14. Juli 1915, gestorben am 30. November 1977. Das Jahr, in dem ich geboren wurde. Der kostbare Grabstein steht in einem krassen Kontrast zu Theresas etwas heruntergekommenem Elternhaus, das nicht immer so aussah. Victor Langkilde war Häuptling von Satapuala, sein Haus war ein Treffpunkt für die Bewohner des Dorfes, und die Ratssitzungen wurden in seinem großen Fale abgehalten. Die Ratsmitglieder saßen auf geflochtenen Matten auf dem Boden und diskutierten alle praktischen, ökonomischen und moralischen Anliegen. Gemeinsam mit Langkilde wurden die Beschlüsse gefasst, wobei er das entscheidende Wort hatte. Bei Streitigkeiten über Grund und Boden oder bestimmte Besitztümer wurde der Rat einberufen. Führten sich junge Dorfbewohner unschicklich auf, beschloss der Rat über eventuell notwendige Sanktionen. Das konnte Hausarrest für eine bestimmte Zeit oder eine geringe Geldstrafe sein, wenn zum Beispiel jemand geflucht oder sich betrunken in der Öffentlichkeit gezeigt hatte. Die Strafe musste vor Sonnenuntergang beglichen werden. Nichtbefolgung der Anweisungen des Rates konnte im schlimmsten Fall zur Ausweisung aus dem Dorf führen.

Der Dorfrat war und ist eine Autorität, wobei sich heute Polizei und Gerichte um schwerere Vergehen wie Gewaltdelikte kümmern. Victor Langkilde war in Satapuala ein einflussreicher Mann. Sein Wort war Gesetz. Überdies war er nicht nur Häuptling, sondern zu einem gewissen Teil auch Palagi. Der Enkel von Hans Alfred Langkilde hatte die helle

Haut geerbt, und vielleicht schlug bei Victor auch etwas von Hans Alfreds Rastlosigkeit durch, da ihn die formelle Macht, die er als Häuptling hatte, nicht sonderlich interessierte. Die Ratssitzungen waren für ihn ein notwendiges Übel, das er hinter sich bringen musste. Er war immer bestrebt, schnell Kompromisse zu finden, um wieder seine anderen Tätigkeiten aufnehmen zu können. Gerne mit einer Flasche Whisky in der einen und einem Werkzeug in der anderen Hand.

Victor war Handwerker. Er arbeitete allerdings nicht mit Schiffen, wie sein Großvater, sondern baute Busse. Farbenfrohe Gefährte, von denen noch heute einige auf der Insel verkehren. Die Qualität von Victors Arbeit war auf der Insel hoch angesehen. Wie sein Großvater war er ein Meister der Holzbearbeitung. Auf dem Weg hierher sind mir einige dieser besonderen, hauptsächlich aus Holz gefertigten Busse aufgefallen. Nur das Fahrgestell und die alten Motoren sind aus Stahl, der Rest der Karosserie besteht aus bunt bemaltem Holz. Manche sind grün mit leuchtend gelben Dächern und blauer Kühlerhaube, andere rot mit plakativen Bildern auf den Seiten. Häufig sind auf den Bussen auch religiöse Motive zu sehen, wobei Moses und Jesus Konkurrenz von modernen Popidolen bekommen haben. Victor war berühmt für diese Busse mit den hölzernen Sitzbänken. Daneben war Victor Farmer.

Ich werde über das drei-, viertausend Quadratmeter große Areal hinter dem Haus geführt. Auf dem ehemaligen Plantagengelände der Langkildes wachsen noch heute Bananen, Taro und Kokospalmen, die wichtigsten Nutzpflanzen auf Samoa. Man kann sie essen oder gegen andere Güter eintauschen. Tarorhizome erinnern an Kartoffeln und werden ähnlich verwendet. Hat man zusätzlich noch Bananen und Kokos und vielleicht ein paar Hühner oder Schweine, ist man versorgt. Das war Victors Leben. Auf der einen Seite ein respektierter Häuptling, auf der anderen ein Handwerker und Farmer, der keine körperliche Arbeit scheute.

Während ich mit Juliet über das Grundstück laufe, taucht vor uns eine kleine, gedrungene Frau mit zwei Kindern auf. Sie trägt einen zerschlissenen Rock und ein blaues T-Shirt mit dem Logo der lokalen Telefongesellschaft. Es ist Juliets Cousine, die im Haus wohnt und sich um den Garten kümmert und Theresa hilft, ihr Elternhaus in Schuss zu halten. Ich habe nicht den Eindruck, dass meine samoanische Familie sonderlich wohlhabend ist. Im Gegenteil wirkt es so, als kämen sie gerade so über die Runden. Ich frage Juliet, weshalb Theresa das Haus nicht verkauft. Die Antwort wiegt ein paar Tonnen, ist weiß und liegt im Vorgarten.

Das Grab.

Auf dem Weg nach Satapuala sind uns in vielen Vorgärten Monumente mit Kreuzen und religiösen Bildern aufgefallen. Es ist eine samoanische Tradition, die Toten auf dem Grund zu begraben, auf dem man lebt, um sie bei sich zu haben und so auch das Nutzungsrecht auf das Grundstück zu fundieren. Für Außenstehende ist es kaum möglich, Anspruch auf ein Gelände zu erheben, auf dem nachweislich die Angehörigen einer Familie beerdigt wurden. In dem prachtvollen Grab liegen also Victor und seine Frau Elisabeth. Sollte Theresa irgendwann den Wunsch haben, Haus und Grund zu verkaufen, müsste sie zuerst eine neue Grabstätte für ihre Eltern finden. Die Bedeutung und der Einfluss einer samoanischen Familie sind auch von der Fläche Land abhängig, die sie besitzt. Für Theresa ist ihr Elternhaus ein Teil des Langkilde-Imperiums, von dem man sich nicht einfach so trennt. Außerdem ist sie, wie die meisten Samoaner, eng mit ihrer Familie verbunden, was nicht nur die nächsten, sondern alle Blutsverwandten umfasst. Auf Samoanisch spricht man von *aiga*. Das Wort Familie bedeutet hier viel mehr als in Dänemark und schließt auch entfernte Verwandte ein. Alle genießen den Schutz und die Fürsorge der Familie. Man kümmert sich um seine Eltern und ehrt die Toten. Letzteres auf ziemlich bombastische, aber doch unsentimentale Weise in Form von großen Grabsteinen im Vorgarten. Juliet und ich haben auf dem Grab Platz genommen und sprechen über Victor. In Dänemark würde das gegen alle möglichen Vorschriften verstoßen.

»So sind wir ganz dicht bei ihm, wenn wir über ihn sprechen«, sagt Juliet.

Während Juliet mir die Plantage gezeigt und über ihre Eltern gesprochen hat, haben Andreas, Emilie und Sisse mit der Frau und den Kindern zu reden versucht, die sich um das Haus kümmern. Da sie nur wenig Englisch sprechen, müssen Theresa und Fatima übersetzen. Ich beobachte sie aus der Ferne und denke: *Das ist meine aiga.*

Nach ein paar Stunden und 50 Tala – circa 10 Euro – für die Familie, die sich um das Haus kümmert, setzen wir uns wieder in den Wagen. Der nächste Stopp unserer Reise liegt eine weitere Fahrstunde entfernt. Um in die Bucht zu kommen, in der Hans Alfred an Land geschwommen ist und als erster Langkilde seinen Fuß auf samoanischen Boden gesetzt hat, müssen wir quer über die Insel.

Göttliches Eingreifen

Den Europäern konnte es gar nicht schnell genug gehen, den »Wilden« und »Ungläubigen« das Christentum zu bringen. Die unterschiedlichsten christlichen Glaubensrichtungen kämpften verbissen darum, auf den Inseln der Südsee Fuß zu fassen. Besonders hervorgetan hat sich dabei die London Missionary Society, allen voran vertreten durch den jungen Missionar John Williams, der ab 1817 auf den Inseln der Südsee arbeitete und den Beinamen »Apostel Polynesiens« erhalten hatte. Mit seinem gewinnenden Wesen und großem persönlichen Einsatz etablierte er im Lauf der Jahre auf vielen Inseln ein gut funktionierendes Missionswesen.

1830 kamen John Williams und seine Frau Mary als erste Missionare nach Samoa, wo damals rund 50 000 Menschen lebten. Die Eingeborenen waren freundlich und Fremde gewohnt, sodass Williams die Bekehrungsarbeit überraschend leichtfiel.

Die Samoaner waren ursprünglich Polytheisten. Ihre vielen Götter verteilten sich auf zwei Gruppen: Die *aitu,* die von den Menschen abstammten, und die nicht menschlichen *atua.* Die Verbindung zwischen den gewöhnlichen Sterblichen und den Göttern bildeten die Geistlichen, die sowohl Männer als auch Frauen sein konnten. Die Eingeborenen schrieben den Geistlichen übernatürliche Kräfte zu und glaubten, dass sie direkt mit den Göttern kommunizieren konnten.

Die zahlreichen Dörfer wurden von Häuptlingen angeführt. Gemeinsam mit den Dorfältesten genossen sie großen

Respekt für ihre Weisheit. Ihre Untertanen fürchteten aber auch, im Leben den Zorn der Häuptlinge auf sich zu ziehen, die, wie man glaubte, nach ihrem Tod als *aitu* zurückkehrten und diejenigen straften, die ihren Zorn geweckt hatten.

In Samoa wurden mehr als 120 Götter und Göttinnen angebetet. Jeder Häuptling hatte seinen persönlichen Gott, und jeder Clan eigene Kriegs-, Dorf-, Familien- und Regionalgötter.

John Williams machte sich mit dem System vertraut und erarbeitete eine kluge Strategie. Sobald er das Vertrauen eines Dorfes und die Bereitschaft des Häuptlings gewonnen hatte, zum einfacheren christlichen Glauben zu konvertieren, tötete man die Tiere, die den Dorfbewohnern heilig waren. Es konnte sich dabei um einen bestimmten Vogel oder Fisch handeln, der ihrer Meinung nach die alten Götter repräsentierte. Die Geister der verspeisten Tiere wurden so zornig und böse, dass sie nicht mehr angebetet werden konnten, womit die alte Religion mehr oder weniger abgewickelt war.

Nach der Bekehrung wurden eine Kirche und ein Haus für die Dorfmissionare errichtet. Auf diese Weise waren Williams' Leute bald überall auf den Inseln Upolu, Savai'i, Tutuila und Manono verteilt.

John Williams' Erfolg fand 1839 ein jähes Ende, als er an der kleinen Insel Erromanga an Land ging, die zu der Inselgruppe Vanuatu, ein paar Tausend Kilometer nördlich von Neuseeland gehört. Williams' Schiff hatte Anker geworfen, und er war zusammen mit einem seiner Männer in einem kleinen Boot an Land gerudert. Sie wurden von einer großen Gruppe Eingeborener am Strand empfangen. Besessen von seiner Mission, bemerkte Williams zu spät, dass die Eingeborenen, die sich mitten in einem Ritual und einer heiligen Zeremonie befanden, weder gestört noch bekehrt werden wollten. Sie stürzten sich mit erhobenen Keulen auf die ungebetenen Gäste. Trotz ihres Flehens um Gnade wurden Williams und sein Gehilfe unerbittlich niedergeknüppelt. Der Kapitän und die auf dem Schiff verbliebenen Männer sollten das Geräusch der brechenden Schädel nie vergessen.

Die Mission bekam später die traurigen Reste der beiden Missionare ausgeliefert, und Gerüchte besagen, dass sie Opfer von Kannibalismus geworden seien.

Sehr viel friedlicher verlief es für Williams' Kollegen Thomas Powell, der 1845 mit seiner Frau Jane Emma nach Samoa kam. Powell betrachtete es als seine Lebensaufgabe, den Eingeborenen den rechten Glauben zu bringen, wobei er allen großen Respekt erwies und schnell die samoanische Sprache erlernte.

Als Missionar war Thomas Powell unübertroffen. Er zeigte ehrliches Interesse an der samoanischen Geschichte und dem Glauben der Inselbewohner. Er besuchte Häuptlinge in entlegenen Dörfern, um die verschiedenen Versionen der Mythen zu hören, die seit Generationen auf den Inseln kursierten. Er hörte aufmerksam und neugierig zu, wie das Universum, die Erde und der Mensch von dem größten und wichtigsten ihrer Götter, Tagalao, erschaffen wurde, und schrieb nieder, was bisher nur mündlich überliefert worden war.

Trotz der erfolgreichen Arbeit der Mission verehrten viele Samoaner weiterhin ihre eigenen Götter, die integraler Bestandteil der Lebensweise und Kultur waren, die seit Tausenden von Jahren auf den Inseln bestand. Für Thomas Powell war die alte Religion jedoch kein Hindernis für den göttlichen Segen, weshalb er nie als Feind angesehen wurde. Stattdessen arbeitete er gemeinsam mit der Lokalbevölkerung daran, das Leben in den kleinen Dörfern zu verbessern und die Zukunft zu sichern.

Powell errichtete eine Reihe von Missionsschulen, in denen auf Englisch unterrichtet wurde. In diesen Schulen wurde nicht nur das Wort Gottes gelehrt, sondern der Lokalbevölkerung auch Lesen und Schreiben beigebracht. Da die meisten Inselbewohner Analphabeten waren, war dies die Chance ihres Lebens für einen sozialen Aufstieg.

Auf den Schulbänken saßen Erwachsene und Kinder nebeneinander, wobei Frauen und Mädchen besonders intensiv unterrichtet wurden, um die Moral zu stärken: Christlicher Glaube und Bildung waren für Powell die besten Waffen gegen nächtliche Aktivitäten und anderes amoralisches Verhalten, das in den kleinen Dörfern recht verbreitet war und immer wieder zu Krankheiten, Schwangerschaften und anderen Problemen führte.

Er wollte die Mädchen und unverheirateten Frauen auf ein Leben als Hausfrau und Mutter vorbereiten. Dass viele der Frauen bereits Kinder hatten und nicht unbedingt wussten, wer die Väter waren, musste Powell akzeptieren. Die samoanische Familie war in vielerlei Hinsicht flexibler und offener als die Familien der konservativen, englischen Gesellschaft, aus der er stammte.

Mit der steigenden Zahl der Bekehrten nahm auch die Zahl der Kirchen auf den Inseln zu. Ihr Bau wurde vorwiegend durch den Verkauf von Kokosöl finanziert, aber auch die lokalen Häuptlinge spielten dabei eine wichtige Rolle. Jede Spende wurde bekannt gemacht, und die verschiedenen Häuptlinge und ihre Familien und Dörfer konkurrierten um die größte Spende an die Mission und die engste Verbindung zum mächtigen Powell und dem neuen Gott. Jeder im Dorf half beim Bau der Kirchen mit. Alt und Jung stampften Sand, schleppten Baumaterial, um die Kirchen zu errichten, die wie weiße Leuchttürme aus dem grünen Urwald aufragten.

In Falese'ela, einem Dorf im Südwesten der Insel Upolu, fassten der britische Missionar und seine Frau Fuß und lebten dort eine gewisse Zeit. Powells Frau, Jane Emma, kümmerte sich um die Arbeit mit den Mädchen und Frauen, die neben der englischen Sprache und einer gewissen Allgemeinbildung auch lernen sollten, wie man einen Haushalt führte und sich um Mann und Kinder kümmerte. Eine ihrer Schülerinnen war eine unverheiratete Frau Ende zwanzig. Die Tochter des Häuptlings Maiava Lasalo Maiava und seiner Frau Liutauvao.

Als Häuptlingstochter genoss Melipa gewisse Privilegien. Sie ging bei den Powells, denen sie im Haus half, ein und aus. Manchmal beobachtete sie die englische Familie, die wie aus dem Himmel, von dem sie so oft sprach, zu ihnen auf die Insel gekommen war. Die beiden waren so anders: Gesichter, Haare, Körperbau, ihre Kleider und die Art, wie sie sich bewegten, unterschied sich von der ihren.

Melipa war bald dreißig Jahre alt und bereits Mutter eines Kindes. Doch nie zuvor hatte sie darüber nachgedacht, dass es eine Welt außerhalb Samoas gab, sodass sie sich in Powells privater Wohnung, umgeben von Möbeln, Bildern, Teppichen und Büchern, gleichermaßen frei und verloren fühlte.

Weißer Mann

Hans Alfred hielt die Luft an und tauchte mit einem lauten Klatscher mehrere Meter tief ins Wasser ein. Wieder an der Oberfläche, orientierte er sich rasch und schwamm mit kräftigen Zügen auf die Küste zu. Das Meer war verhältnismäßig ruhig, und die Strömung zog ihn an Land in eine ungewisse Zukunft. Das Schiff war schon weit entfernt.

Er wusste nicht, wie lange er geschwommen war, als er endlich flaches Wasser erreichte und an den Strand strauchelte. Ermattet ließ er sich in den Sand fallen und schnappte nach Luft. Er wollte aufstehen, aber seine Arme und Beine versagten.

Er wusste, dass es gefährlich sein konnte, einfach liegen zu bleiben. Der Weg bis hierher war weit gewesen, und er war am Leben, hatte vielleicht mehr Glück als Verstand gehabt. Daran sollten auch eventuell feindselige Eingeborene nichts ändern, dachte er noch, bevor alles schwarz wurde.

»Palagi! Palagi! – Weißer Mann! Weißer Mann!« Thomas Powell trat aus seinem Haus und ging mit raschen Schritten zum Strand, woher die Rufe der Kinder kamen. Zur Sicherheit hatte er seine Schüler und seine Familie ermahnt, im Haus zu bleiben. Melipa und Powells Kinder standen am Fenster und reckten die Hälse. Als Powell mit einem bewusstlosen Mann im Schlepptau vom Strand kam, rannten alle hinaus und halfen ihm.

Hans Alfred sah sich blinzelnd in dem fremden Raum um. Das hereinfallende Tageslicht tanzte an den Wänden, die Luft war warm, von draußen drangen Vogelgezwitscher und Kinderstimmen an sein Ohr. Seit Jahren hatte er seine Nächte in armseligen Kojen unter Deck verbracht, nun lag er in einem echten Bett, und sein Kopf ruhte auf einem weichen Kissen. Der Gesang der Zikaden verschmolz mit der Wärme und dem Licht, und er fragte sich, ob er vielleicht im Paradies gelandet sei. Dann fielen seine Augen wieder zu.

Thomas Powell und seine Frau schauten abwechselnd nach ihrem Gast. Sie wussten nicht, wer er war und woher er kam. War er über Bord geworfen worden oder infolge eines Unfalls im Wasser gelandet? Wenn Hans Alfred zwischendurch wach wurde, gaben sie ihm Wasser, Kokosmilch und Brot und versuchten, ihm ein paar Worte zu entlocken. Wie hieß er? War er allein? Welche Nationalität hatte er?

Nach ein paar Tagen war Hans Alfred wieder auf den Beinen. Seine Habseligkeiten lagen unberührt in der wasserdichten Tasche auf dem Tisch, und seine Gastgeber waren die Freundlichkeit in Person, obwohl Hans Alfred mit seinem roten, verfilzten Haar und Bart wie ein Wilder oder, besser, wie ein Wikinger aussah. Thomas Powells Frau, Jane Emma, besorgte dem Gast Rasierzeug und saubere Kleider, und bald war er so weit wiederhergestellt, dass er das Zimmer verlassen konnte.

Die Schönheit Samoas war noch überwältigender, als er es sich vorgestellt hatte. Fruchtbar, wild und doch friedlich. Von einem Stuhl auf der Veranda blickte er über die Bucht und den Strand, wo Powell ihn aufgelesen hatte. Das türkisblaue Meer wogte ruhig und glitzernd in der Sonne, und aus der tiefgrünen Wildnis der Berghänge drangen fremd klingende Vogelschreie von exotischen Tauben und bunten Papageien.

Auf dem Pfad vor dem Haus ging eine Gruppe Frauen vorbei. Ihre Haut glänzte braun in der Sonne. Sie waren auf dem Weg zur Bucht, um dort zu fischen. Sie bewegten sich wiegend und geschmeidig, und er sah ihnen an, dass sie sich frei und entspannt fühlten. Für Hans Alfred war der weibliche Körper seit der Pubertät ein mit Verboten und Geheimnissen verbundenes Rätsel. Zwar hatte er schon nackte Frauen gesehen und auch Sex gehabt, doch waren dies stets nur flüchtige Augenblicke gewesen – daheim auf dem Heuboden oder im klammen Bordell irgendeiner Hafenstadt, in das kein Tageslicht drang.

Die Frauen winkten ihm zu, und er winkte fröhlich zurück. Es war, als würden die Sonnenstrahlen alles Verbotene und Schambehaftete verbrennen und nur reine, unschuldige Freude zurücklassen, wie er sie bis dahin noch nie erlebt hatte.

Nicht nur die schönen Frauen faszinierten Hans Alfred, auch die muskulösen Körper der Männer. Viele hatten ihre Oberkörper mit einem großen *tatau,* einer Tätowierung, geschmückt. Häuptlinge trugen ein *pe'a,* eine von den Knien bis zum Nabel reichende Tätowierung, die ihre Stammeszugehörigkeit zeigte. Jedes *tatau* erzählte eine Geschichte und war ein individuelles Symbol für den Mut und die Kraft des Trägers. Die Schmerzen, wenn die hübschen Muster mit Nadeln und Farbe in die Haut gestochen wurden, galten als Mutprobe, die alle jungen Männer mit etwa 16 Jahren bestehen mussten.

Die meisten Männer trugen einen Lendenschurz oder einen Lava-Lava, einen Männerrock, und liefen barfuß. Alfred hingegen trug die Kleider, die Powell ihm gegeben hatte: lange Hosen, ein luftiges Hemd, Strümpfe und ein paar steife Schuhe, die an den Füßen drückten.

Hans Alfred, der befürchtet hatte, wegen seiner Hautfarbe abgelehnt und verjagt oder gar getötet zu werden, fühlte sich in Samoa so willkommen wie nie zuvor an einem anderen Ort. Nach vielen Jahren der Suche nach einem erträglichen

Leben spürte er, dass er endlich am richtigen Ort angekommen war. Er sprach im Stillen ein Dankesgebet an Powell und den lieben Gott. Er war am Leben. Er war in Sicherheit.

Je mehr sich Hans Alfred erholte, desto stärker rührte sich ein altes Bedürfnis in ihm. Seit seiner Jugend hatte er alles getrunken, was er in die Finger bekam. In Frederiksgave aus Trotz, beim Militär mit den Kumpanen im Wirtshaus, und in den Jahren auf See Branntwein, Rum, Whisky und was immer man an Land kaufen oder an Bord tauschen konnte.

Im Haushalt des Missionars gab es keinen Schnaps, und am Anfang hatte Hans Alfred ihn auch nicht vermisst. Jetzt, wo er wieder bei Kräften war, spürte er das Verlangen, eine Unruhe in Körper und Geist, die er nicht ignorieren konnte.

Alle Dorfbewohner waren inzwischen im Haus des Missionars gewesen, um den Palagi zu sehen, der dort an Land gestiegen war. Obwohl bereits viele Weiße auf den Inseln lebten, hatten zahlreiche Landbewohner noch nie einen zu Gesicht bekommen. Die meisten Weißen hielten sich in und um die größeren Hafenstädte auf, wo sie ihre Konsulate, Handelsniederlassungen und Plantagen hatten.

Hans Alfred genoss die Aufmerksamkeit in vollen Zügen. Er war immer nur einer von vielen gewesen, doch in Samoa war er endlich jemand. An guten Tagen fühlte er sich wie ein unbesiegbarer Abenteurer und sonnte sich in seinem neu gewonnenen Ruhm – insbesondere wenn ihn Frauen besuchten.

An anderen Tagen kam die Angst wieder angekrochen. Dann zog er sich in sein Zimmer zurück und ergab sich dem unruhigen Schlaf und den wiederkehrenden Albträumen von Strafe und Rache. Am Morgen bemerkte Powells Frau, dass ihr Gast wohl auf der verzweifelten Suche nach Alkohol nachts die Küche durchsucht hatte.

Das Paar hatte längst bemerkt, dass der Däne ein Geheimnis mit sich trug, und Stück für Stück gelang es Powell, ihm seine Lebensgeschichte zu entlocken. Mit der Hoffnung auf Vergebung und die Gnade des Allmächtigen öffnete sich Hans Alfred seinem Gastgeber.

In einer Mischung aus Deutsch, Englisch und Dänisch erzählte Hans Alfred zum ersten Mal einem anderen Menschen die ganze Wahrheit der Familie Langkilde auf Fünen. Vom Krieg 1864, dem »Duell«, wie er die Schlägerei mit dem Deutschen nannte, die ihn noch immer marterte. Im Schein der Öllampen erzählte er, wie die Sehnsucht nach Freiheit und die Furcht vor Rache ihn nach Amerika getrieben hatten. Über die langen Jahre auf See und die weite Reise, die nun am Ziel sein sollte.

Hans Alfred ließ alles heraus: Schuld, Scham und Sünde, Tod und Totschlag, Sehnsucht, Trauer und Unglücke, und Thomas Powell hörte zu, nickte aufmunternd und gab Hans Alfred so etwas wie Erlösung. Eine schwere Last wurde von seinen Schultern genommen, und das Leben schien wieder lebenswert. Dass er sich auf der anderen Seite der Erdkugel befand, machte die Sache leichter, denn hier konnte er von vorn anfangen.

Hans Alfred war in guten Händen. Powell überlegte gemeinsam mit seiner Frau, welche Möglichkeiten und Zukunftsaussichten der Däne hatte. Früher oder später musste er ihr Haus verlassen, spätestens wenn ihre Mission hier vollendet war und sie zu ihrer Basis auf der Insel Savai'i zurückkehrten.

Powell kam zu dem Schluss, dass sich Hans Alfred dem Kirchenbau oder der Plantagenarbeit widmen sollte. Die Mission und das Dorf konnten einen wie ihn gut gebrauchen, außerdem würde dies vielleicht seine Rastlosigkeit kurieren.

Manchmal zog sich Hans Alfred in sich selbst zurück, und Powell vermutete, dass dies mit Erlebnissen seiner Vergangenheit zusammenhing. An solchen Tagen blieb der Däne in seinem Zimmer oder verschwand im Wald. Umgeben von Palmen, knorrigen Feigenbäumen und wilden Gewächsen, im grünen Licht des Dschungels, fand er Ruhe und vergaß die alten Gespenster.

Die Häuptlingstochter

Als Palagi stand Hans Alfred hoch im Kurs. Seine weiße Haut wog die Tatsache auf, dass er kein Land besaß. Seine Gene waren gefragt, und es war keineswegs ungewöhnlich, dass Häuptlinge, in deren Dorf ein weißer Mann lebte, diesen in andere Dörfer schickten, wo er weibliche Familienmitglieder besuchen und dafür sorgen sollte, dass die Familie nicht ausstarb.

Mit seinen 29 Jahren war Hans Alfred damals kein ganz junger Mann mehr, doch er war stark, und sein Ruf eilte ihm voraus. Die Neuigkeit von dem hellhäutigen Langkilde, der in Falese'ela an Land gestiegen war, verbreitete sich schnell. Dass er einen Mann getötet hatte, machte ihn nicht weniger interessant, und bald wurde der Name Langkilde zu »Long Killer« – ein Titel, den sich der 1,65 Meter große Hans Alfred gefallen ließ.

Auch die Häuptlingstochter Melipa zeigte Interesse an dem neuen Einwohner, wenn er durch das Dorf ging oder im Missionshaus oder im Garten half. Neugierig und ohne jede Scham starrte sie ihn an – seine helle Haut, die blauen Augen und das rote Haar.

Melipa hatte nie von Dänemark gehört, verstand aber, dass das Land weit im Norden lag und es dort kalt und ganz anders als auf Samoa war – ein bisschen wie in England.

Melipa war eine fleißige und aufmerksame Schülerin. Sie hörte konzentriert zu, wenn Powell Englisch und christliche Religion unterrichtete. Auch versuchte sie nach bestem Vermögen, Jane Emmas Ermahnungen zu beherzigen, wie man als Frau und Ehefrau einen Haushalt führte – obwohl es nicht leicht war, die Prinzipien der Missionarsfrau auf die Hütte aus Holz und Palmenblättern zu übertragen, in der sie mit ihren Eltern und ihrem Sohn wohnte.

Die Häuptlingstochter erfüllte ihre Pflichten in der Familie. Sie erzog ihren Sohn, half in der Plantage und beim Fischen, sammelte Brennholz, servierte, wusch die Kleider und kümmerte sich um die Alten des Dorfes. Weil sie nicht verheiratet war, war es ihre Aufgabe, ihre Eltern zu bedienen, was sie nie hinterfragte.

Melipas Vater, Maiava Lasalo Maiava, war oberster Häuptling und der mächtigste Mann des Dorfes. Er verfügte über große Ländereien und stand über einer Reihe weiterer Häuptlinge.

Land war der entscheidende Wert auf den Inseln. Je mehr Besitz, desto mehr Macht. Große Waldgebiete waren gerodet und in Plantagen umgewandelt worden, die einzelne Familien und deren Dörfer mit Bananen, Taro, Yamswurzeln, Mangos, Brotfrüchten, Kakaobohnen und Kokosnüssen versorgten.

Das Leben der Großfamilien drehte sich ganz um ihre Dörfer und ihren Boden, von dem sie den größten Teil ihrer Nahrung und ihres Einkommens erwirtschafteten. Dort bauten sie ihre Hütten und verbrachten ihr ganzes Leben, und dort begruben sie auch ihre Toten.

Neben seinem Land besaß Matai Maiava wie andere Häuptlinge eine Sammlung *'ie toga* – kostbare Matten oder Teppiche, die nie als solche genutzt wurden, sondern ein wertvolles Kulturgut und eine Art Zahlungsmittel waren, vor allem bei Zeremonien wie Hochzeiten oder Beerdigungen. Sie wurden aus den längsten Blättern der Pandanus-Palme (auch Schraubenbaum genannt) von den Frauen des Dorfes hergestellt und waren ein prestigeträchtiges und äußerst zeitaufwendiges Handwerk.

Filigrane Muster, Fransen und Papageienfedern zierten die Teppiche, die nach dem Glanz und der Weichheit ihres Materials bewertet wurden. Und nach dem Alter und Rang der Frauen, die sie geknüpft hatten. Jede *'ie toga* trug einen individuellen Namen, und die teuersten waren so wertvoll wie Edelsteine.

Als Oberhaupt des Dorfes *(nu'u)* war es Matai Maiavas Recht und Pflicht, Ratsversammlungen *(fono)* abzuhalten. Sie fanden im Gemeinschaftshaus *(fale tele)* statt, einer großen, ovalen Hütte, die auf einem Sockel aus Korallensteinen vor den Wohnhäusern stand. Dort saßen die Ratsmitglieder nach einer komplizierten Rangordnung auf ihren Matten.

Im Schatten des Palmendachs diskutierten sie Probleme, lösten Konflikte und verteilten Aufgaben und Wertgegenstände. Im Jahr 1873 sorgte der neu angekommene Palagi für ausreichend Diskussionsstoff im Dorfrat.

Falese'ela

Es gibt etwa dreihundert Dörfer auf Samoa. Einige davon passieren wir auf dem Weg nach Falese'ela, so der Name der kleinen Häusergruppe in der Bucht, die der Ausgangspunkt von vielen Generationen Langkildes werden sollte. Die Karte der Insel von der Autovermietung ist nicht sonderlich detailliert und meinem GPS zufolge auch recht fehlerhaft, sodass wir immer wieder anhalten und nach dem Weg fragen müssen. Die Häuser entlang des Weges nach Falese'ela ähneln denen, an denen wir zuvor schon vorbeigefahren sind, werden aber immer kleiner und ärmlicher.

Wir halten an einem großen Gebäude, das wie das Fale aussieht, in dem Victor, Theresas Vater, die Ratssitzungen abhielt. Ein offener Raum mit einem gewaltigen, von Säulen getragenen Blechdach. Auf der hellen Kiesfläche davor rennen rund hundert Kinder in tiefroten Lava-Lavas und weißen Hemden herum. Es handelt sich um eine Schule, und das Fale muss der große Unterrichtsraum sein. Wir halten an und fragen einen freundlichen Mann vor einem kleinen Haus aus Glasbetonsteinen nach dem Weg nach Falese'ela. Die Richtung stimmt, und nach ein paar Minuten biegen wir auf ein noch schmaleres Sträßchen ab, das direkt aufs Meer zuführt.

Auf dem Weg reden wir über die Schulkinder, die wir auf dem Platz gesehen haben. In Samoa herrscht Schulpflicht für alle Kinder zwischen fünf und vierzehn Jahren, und der Staat kommt für sämtliche Kosten auf. Die wenigen Privatschulen, die es im Land gibt, werden nur von den Kindern der Superreichen sowie einiger Ausländer besucht. Die offiziellen

Schulen mögen unscheinbar aussehen, funktionieren aber sehr gut. Der Regelunterricht findet in kleinen bis mittelgroßen Dorfschulen statt, außer man wohnt in der Hauptstadt Apia. Deshalb gibt es auf Samoa kaum noch Analphabetismus.

Danach sprechen wir wieder über Hans Alfred und Melipa und die Entwicklung, die Samoa seit jener Zeit gemacht hat. Als Hans Alfred an den Strand der Palmeninsel schwamm, hatte er das Glück, von einem Missionar aufgenommen zu werden, dessen Sprache er verstand. Wo heute öffentliche Schulen den Bildungsauftrag übernehmen, waren es im 19. Jahrhundert die Missionare.

Melipa Maiava lernte an Thomas Powells Schule Gottes Wort, Englisch und einige andere Fächer. Die Begegnung zwischen dem etwas jüngeren dänischen Dragoner und der samoanischen Häuptlingstochter ähnelt den klassischen Romanzen, in denen ein Fremder mit leeren Taschen und einer dubiosen Vergangenheit in ein unbekanntes Land kommt und dort durch Zufall die Prinzessin trifft, die sich Hals über Kopf in den mystischen Fremden verliebt.

Das schmale Sträßchen endet an einer Wiese mit einem kleinen Fale. Wenige Meter dahinter führt eine Treppe hinab zum Meer. Im Schatten des Fale stehen drei Teenagerinnen in weißen T-Shirts. Auf einem Holzschild lese ich, dass das Baden fünf Tala kostet, umgerechnet zehn Kronen. Dörfer wie Falese'ela, die an einem Strand oder in einer Bucht liegen, in der man gut baden kann, verlangen häufig eine Gebühr, bevor man ins Wasser gehen darf.

Natürlich möchte ich hier, wo Hans Alfred an Land schwamm, unbedingt auch ins Wasser. Ich hole meine Badehose aus dem Kofferraum, während Juliet versucht, die drei Bademeisterinnen zu überreden, dass wir nicht zahlen müssen. Ich finde es jedoch in Ordnung, dass sie etwas bekommen. Am Ende der verwitterten Betontreppe, die in das sauberste Wasser führt, das ich jemals gesehen habe, setze ich mich auf die Stufen und bade meine bleichen Füße im Stillen Ozean. Die Bucht ist ein Paradies mit kristallklarem Wasser und weißem Sand, umgeben von fruchtbarer Natur. Kleine Holzboote dümpeln im Wasser. Am Strand liegen ein paar weiße Bojen mit zusammengelegten Fischernetzen und zeugen davon, dass die Lokalbevölkerung einen Teil ihrer Nahrung aus dem Meer holt. Ein ähnlicher Anblick muss sich damals auch Hans Alfred geboten haben.

Sisse und die Kinder toben wenige Meter von mir entfernt am Strand, und ich verstehe, weshalb Hans Alfred diesen Ort als endgültiges Ziel seiner Reise auserwählt hat. Vor meinem inneren Auge sehe ich eine fremde, hellhäutige Gestalt aus dem Wasser auftauchen, die von der lokalen Bevölkerung verwundert angestarrt wird. Hatten sie jemals zuvor einen Menschen mit roten Haaren gesehen?

Wie mag es für Hans Alfred gewesen sein, als er erschöpft an einem fernen Strand in der Südsee landete, vor sich leicht bekleidete Eingeborene, die in einer fremden Sprache auf ihn einredeten? Was hat er hier gesucht? Hatte er einen Plan, oder hat ihn der Zufall hierhergebracht? Ich habe das Gefühl, Hans Alfred nie näher gewesen zu sein als in diesem Moment. Trotzdem tauchen immer neue Fragen auf.

Wir wollen hier in Faleseʼela das jetzige Oberhaupt der Maiava-Familie des Dorfes treffen. Während Theresa die *saʼo* und damit das absolute Oberhaupt der Familie in ganz Samoa ist, wohnt ein Teil von Melipas Familie noch immer hier. Das örtliche Oberhaupt ist so etwas wie ein *talking chief* oder Bürgermeister. Er beruft Ratssitzungen ein und informiert Theresa über wesentliche Änderungen in seinem Dorf und seinem Zweig der Familie. Da auch er eine lokale Autorität ist, bringen wir ihm Brot, Butter und Geld mit. Er verdient unseren Respekt und hat Anspruch auf eine gewisse Vergütung, da wir seine Zeit in Anspruch nehmen und sein Land betreten.

Wir fahren weiter durch das Dorf und passieren eine Gruppe von Teenagern, die ein Spiel spielen, das ich zuerst für Kricket halte. Es sieht ähnlich aus und ist eine Variante namens Kilikiti. Die Regeln sind weniger starr als beim Kricket, erklären uns die Frauen, und jeder kann mitmachen, außerdem gibt es keine Begrenzungen für die Anzahl der Spieler. Kilikiti ist in Samoa ein Volkssport. Er entstand, als die britischen Missionare im 19. Jahrhundert Kricket auf die Insel zu bringen versuchten. Heute wird Kilikiti sowohl zum Spaß als auch in offiziellen Ligen gespielt und ist über alle polynesischen Inseln bis nach Neuseeland verbreitet. Am liebsten hätte ich angehalten und mitgespielt, ich reiße mich aber zusammen, das Ziel unserer Reise ist schließlich die Begegnung mit Melipas Nachkommen. Außerdem will ich meiner samoanischen Familie nicht unbedingt zeigen, was für eine Niete ich in jeder Art von Ballsport bin.

Wir fahren über ein kleines, in die Jahre gekommenes Asphaltsträßchen durch das Dorf. Einige der gelben, weißen oder grünen Häuser mit den Blechdächern liegen dicht am Meer. Viele haben ein eigenes Fale mit verzierten Säulen, die die geschwungenen oder spitzen Dächer tragen. Auf beiden Seiten der Straße wachsen dieselben tiefroten Büsche wie auch an Victors Grab. Sie sind in alte, weiß gestrichene Autoreifen gepflanzt worden, die dem Dorf einen besonderen Charme verleihen.

Theresa bittet mich, langsamer zu fahren, als sie vor uns einen jungen Mann sieht. Sie kurbelt die Scheibe herunter und spricht ihn an. Der Mann in der abgewetzten Jeans, ausgetretenen Sneakers, einem grünen, ärmellosen T-Shirt mit der Aufschrift »Billabong« und einer Baseballcap im selben Grünton ist der Sohn von Leaufaamulia, dem Häuptling.

Theresa hat unseren Besuch nicht angekündigt, so dass die Familie nichts von unserem Kommen ahnt und folglich auch keine Willkommenszeremonie vorbereiten kann, wie es sonst üblich ist, wenn eine hochstehende Persönlichkeit wie Theresa zu Besuch kommt. Da sie unseren Gastgeber nicht in Verlegenheit bringen will, erklärt sie dem Sohn, dass sie Familie aus Dänemark mitbringt, weshalb es nicht möglich gewesen sei, den Besuch vorher anzukündigen. Ein Lächeln geht über das Gesicht des jungen Mannes, der seinem Vater Bescheid sagen will.

Bevor wir die große, weiß gestrichene Holzkirche mit dem hohen, grünen Blechdach erreichen, fahren wir auf eine Wiese mit deutlich sichtbaren Reifenspuren und halten gut hundert Meter weiter vor einem beeindruckenden Fale. Es ist wie die anderen gebaut, unterscheidet sich aber durch seine Größe und die schmuckvollen Verzierungen. Das Fale ist etwa dreißig Meter lang, das Betonfundament blau und die Fugen weiß gestrichen. Ein Fries aus weißen Steinen und einem rot gestrichenen Balken trägt die Säulen, auf denen das Dach ruht. In diesem stattlichen Bau soll heute noch der Familienrat abgehalten werden. Hier leitet Theresa als Oberhaupt der Familie auch die Ratssitzungen, an denen Leaufaamulia und die anderen rund zwanzig Familienoberhäupter teilnehmen, um wirtschaftliche, moralische oder andere Fragen zu diskutieren. Die Themen reichen dabei von der Planung einer Beerdigung über die Ausrichtung einer Hochzeit bis hin zu Streitigkeiten mit anderen Familien.

Leaufaamulia kommt breit lächelnd auf uns zu. Er ist kleiner, als ich erwartet habe. Ich habe mir einen großen, muskulösen Mann vorgestellt, der eine natürliche Autorität ausstrahlt, ein bisschen wie die Häuptlinge, wie sie uns in

Donald-Duck-Heften präsentiert werden. Statt prachtvoller Kleidung trägt dieser Mann einen blauen Lava-Lava mit Blumendruck, schwarze Gummistiefel, ein verwaschenes, gelbes Poloshirt und einen breitkrempigen Hut. Der Mann ist vielleicht 1,70 Meter groß und von schmächtiger Statur. Er mag etwas über sechzig sein, strahlt aber die Zähigkeit eines Mannes aus, der sein Leben lang auf den Plantagen gearbeitet hat. Sein linker Schneidezahn fehlt, und als er lächelt, sehe ich, dass auch seine übrigen Zähne lange keinen Zahnarzt mehr gesehen haben.

Leaufaamulia grüßt höflich, aber weniger überschwänglich, als ich es bei anderen Samoanern erlebt habe. Er gibt Theresa und den anderen Frauen die Hand und küsst sie auf die Wangen, während ich nur einen festen Händedruck bekomme. Juliet erklärt ihm, warum wir nach Falese'ela gekommen sind, und wie froh ich darüber bin, ihn treffen zu dürfen. Ich erkläre ihm, dass ich auf einer Art Expedition bin, um Informationen über unsere gemeinsame Familie zu sammeln, und erzähle von Hans Alfred, wobei ich ganz vergesse, dass ich einem Mann gegenüberstehe, der die Geschichte vermutlich besser als ich kennt.

Für einen *talking chief* kommt er mir ziemlich schweigsam vor, was aber auch daran liegen kann, dass er kein Englisch spricht und Theresa gegenüber große Ehrfurcht empfindet. Er sagt, dass er die Geschichte von Hans Alfred und Melipa von seinen Eltern und Großeltern kenne, und er sei stolz darauf, in einem so weit entfernten Land wie Dänemark Familie zu haben. Bisher hat er aber noch niemanden aus meiner Gegend getroffen.

Leaufaamulia und ich reden mit Juliets Hilfe noch ein wenig miteinander, aber bedauerlicherweise hat er keine Informationen, die mir weiterhelfen würden. Trotzdem freue ich mich, erneut bestätigt bekommen zu haben, dass Hans

Alfred in dieser Bucht an Land gegangen ist und die Häuptlingstochter Melipa über Thomas Powell kennengelernt hat.

Powells Haus lag auf der anderen Seite des Bachs, der heute das Dorf von der alten Bebauung trennt, die vor Jahren überschwemmt und verlassen wurde. Melipa wurde vermutlich 1843 als Tochter von Maiava Lasalo Maiava geboren, der wie Theresa ein *sao* war.

Während Leaufaamulia mit Juliet und den anderen auf Samoanisch weiterredet, kommt seine Frau um das Fale herum. Sie ist etwas kleiner als ihr Mann und trägt ein blaues T-Shirt und einen roten Lava-Lava. Sie lächelt, aber auch sie wirkt im Vergleich zu den anderen zurückhaltender. Ich stelle Sisse und die Kinder vor und erzähle erneut von unserer Mission, während sie lächelnd zuhört. Trotzdem antwortet auch sie recht einsilbig. Um das Eis zu brechen, ziehe ich die Schachtel mit dem Brot und der Butter hervor. Ich reiche sie Leaufaamulia und bedanke mich für seine Gastfreundschaft und die Informationen.

Beim Anblick des Brotes lächeln Leaufaamulia und seine Frau breit, sodass ich wieder die bedauernswerten Zähne sehe. Ich gebe ihm auch zweihundert Tala, was circa 400 dänischen Kronen entspricht. Er nimmt das Geld entgegen, als sei es die natürlichste Sache der Welt, obwohl ich noch immer das Gefühl habe, dass hier etwas gründlich schiefläuft.

Als Journalist lautet einer meiner heiligsten Vorsätze, niemals eine Quelle zu bezahlen, die Informationen für eine Geschichte liefert. Die Gefahr, dass jemand nur des Geldes wegen eine Geschichte ausschmückt, ist einfach zu groß. Hier beuge ich mich der lokalen Tradition und Kultur. Trotzdem fühlt es sich falsch an.

Das Gespräch verläuft dann auch ziemlich schnell im Sand, und nachdem wir uns verabschiedet und uns noch einmal für die Zeit bedankt haben, die er sich genommen hat, fahren wir über dieselbe Straße zurück, über die wir gekommen sind. Obwohl Leaufaamulia nicht so mitteilsam war, wie ich es gehofft habe, haben wir bestätigt bekommen, dass Hans Alfred und Melipa auch in dieser Familie in Falese'ela bekannt waren.

Liebe liegt in der Luft

Sobald Hans Alfred die Arbeit des Tages erledigt hatte, saß er gern am Strand und genoss die Aussicht aufs Meer, wo sich die Konturen von Schiffen oder Vogelschwärmen in der Ferne in kleine, flimmernde Punkte auflösten. Er sinnierte, wie so greifbare Dinge plötzlich zu nichts werden konnten, als er von einer Gruppe Kinder aus seinen Gedanken gerissen wurde, die ihren Mut zusammengenommen und sich dem Fremden genähert hatten.

Die mutigsten nahmen ihn an der Hand und zogen ihn mit sich. Sie lachten laut, als er eine Münze aus dem Ohr des kleinsten Mädchens zauberte, und feuerten ihn enthusiastisch an, als er mit dem größten Jungen um die Wette lief, bis er scheinbar ermattet in den Sand fiel und um Gnade und Wasser flehte.

Frauen und Kinder hatten die Aufgabe, im seichten Wasser der Bucht Fische und Schalentiere zu fangen. Hans Alfred saß im Schatten einer Palme und schaute ihnen mit einer Zigarette im Mundwinkel zu.

Er betrachtete Melipa, die zwischen den Korallen auf der Jagd war und mit sicherer Hand ihren Fang aus dem Wasser holte: ihr starker, schlanker Körper, ihre braune, glänzende Haut und das lange, schwarze Haar, das kunstvoll hochgebunden war, damit es nicht nass wurde. Melipa nahm ihn offenbar nicht wahr. Mit konzentriertem Blick watete sie durchs Wasser und füllte ihren feinmaschigen Korb mit kleinen Fischen, Krabben und Muscheln. Die Kinder hatten die Jagd aufgegeben und bespritzten einander. Zuerst schimpfte sie mit ihnen, aber bald schallte ein ansteckendes Lachen übers Wasser. Hans Alfred lächelte still in seinen Bart.

Er genoss das vorhersehbare Leben in dem Dorf, das er allmählich als neue Heimat betrachtete. Alle kannten ihren Platz in der Hierarchie und erfüllten ihre Rolle mit einer Selbstverständlichkeit, die er noch nie erlebt hatte. Es gab keine Adligen oder Großbauern in hohen Stiefeln, die auf Feldarbeiter herabschauten, keine hysterischen Sergeanten, die gemeine Soldaten für die kleinste Übertretung bestraften. Stattdessen gab es eine gewachsene Struktur, die Zusammenhang und einen festen Rahmen für alle schuf.

Thomas Powell hatte ihm die Hierarchie des Dorfes erklärt. Die Häuptlinge waren Matai unterschiedlichen Ranges, und ihre Frauen bildeten die Gruppe der *faletua ma tausi,* die den Haushalt erledigten und Alte und Bedürftige pflegten.

Die Kinder waren *tamaiti.* Nach dem Unterricht bei Powell und dessen Frau spielten oder halfen sie am Strand. Die größten übten in der Dämmerung Kilikiti, eine Art Kricket, und Hans Alfred versuchte, die Regeln zu lernen.

Die Älteren passten auf die jungen Kinder auf. Sie hatten die Aufgabe, die Geschichte und Traditionen der Familie und des Dorfes an die nächste Generation zu vermitteln, damit auch diese ihren Ursprung, ihre Götter und die Zeremonien kannte, die den Clan zusammenhielten. Hans Alfred hörte zu, ohne ein Wort zu verstehen, wenn die Kinder mit den Großeltern die alten Lieder sangen.

Die erfahrenen Handwerker des Dorfes, *tufuga,* stellten primitive Waffen wie Pfeil und Bogen, Messer und Armbrüste her, außerdem Seile, Peitschen und verzierte Kämme aus Knochen oder Schildpatt, mit denen die Frauen ihr Haar hochsteckten. Viele Gegenstände wurden kunstvoll aus Teakholz geschnitzt, zum Beispiel die Trinkgefäße mit Füßen, die man bei der traditionellen 'ava-Zeremonie benutzte. 'Ava war das trübe samoanische Nationalgetränk aus den Wurzeln der Kava-Pflanze (auch Rauschpfeffer genannt).

Unverheiratete Frauen wurden *aulaluma* genannt. Eine ihrer vorrangigsten Aufgaben war das traditionelle Kunsthandwerk, insbesondere das Weben der komplizierten Teppiche oder Röcke und Wandbilder aus dem gleichen Material, die als Geschenke und Zahlungsmittel eingesetzt wurden. Darüber hinaus sorgten sie für den Schmuck der Dorfhäuser bei Zeremonien oder wenn Gäste im Dorf waren, für die sie spezielle Tänze und Gesänge aufführten.

Männer ohne Rang waren 'aumaga, Arbeiter oder im Fall kriegerischer Auseinandersetzungen auch Soldaten. Im Alltag arbeiteten sie in den Plantagen oder bauten Hütten. Sie fischten von den Kanus und Langbooten des Dorfes und bereiteten Mahlzeiten zu, oft in großen Erdöfen, in denen Fisch und Gemüse stundenlang zwischen heißen Steinen gegart wurde.

Ganz besonders faszinierte Hans Alfred das harmonische Zusammenspiel zwischen den Geschlechtern und Generationen. In Frederiksgave hatte er zwar privilegiert gelebt, jedoch größtenteils getrennt von seinen Eltern, besonders vom Vater, der die ganze Zeit arbeitete. Er und seine Geschwister waren auf Jungen- und Mädchenzimmer verteilt gewesen, doch hier im Dorf lebten alle zusammen. Der kollektive Gedanke gefiel ihm.

Die Generationen wohnten entweder im selben Fale oder in dicht beieinanderstehenden Hütten, und wenn der Fang des Tages eingefahren und die Ernte der Woche im Haus war, wurden Fisch, Fleisch, Gemüse und Obst zwischen den Familien geteilt.

Das Dorf war ein gemeinsamer Organismus, und der Zusammenhalt war entscheidend für die Lebensqualität. Gewiss war die Arbeit hart, aber es gab auch viele Pausen im Lauf des Tages, in denen man sich von der tropischen Hitze ausruhte.

Hans Alfred genoss das geruhsame Tempo, und dass keiner schrie und ihn antrieb. Als einziger Palagi neben Powell hatte er keinen festen Platz im System, aber er wusste, dass er eher am oberen Ende der Skala rangierte, wofür er sehr dankbar war und weshalb er stets bescheiden und hilfsbereit auftrat. Und seine Position hing in hohem Grad von Thomas Powells Wohlwollen ab. Die gute Aufnahme war keineswegs selbstverständlich.

Als Hans Alfred auf Samoa ankam, waren desertierte Seeleute wie er kein ungewöhnliches Phänomen auf den Inseln des Südpazifiks. Die Glücksritter hießen dort *beachcombers,* und nicht alle waren so privilegiert wie er. Manchen gelang es, in eine Dorfgemeinschaft integriert zu werden und vielleicht sogar einzuheiraten, andere verhungerten, starben an Krankheiten oder wurden getötet.

Hans Alfred fühlte sich sicher und akzeptiert. Obwohl die Verständigung mit den 'aumaga, mit denen er täglich zusammenarbeitete, nicht immer leicht war, waren sie offen, freundlich und zuvorkommend. Bereitwillig brachten ihm die Männer bei, wie man fischte, ein Kanu manövrierte, auf Vogeljagd ging und eine Machete gebrauchte. Im Gegenzug teilte er seine Erfahrungen mit Waffen, im Kampf, bei Zimmerarbeiten und nicht zuletzt bei der Haltung von Hühnern und Schweinen. Die Stimmung war entspannt, Hans Alfred und die Männer gingen miteinander um wie Gleichwertige.

Seine Gedanken wanderten schon lange nicht mehr nach Dänemark, aber die tägliche Arbeit mit den Männern erinnerte Hans Alfred an seine Kindheit, als er die meiste Zeit mit den Knechten, beim Schmied oder im Stall verbracht hatte.

Er erinnerte sich an die warmen Sommertage, an denen die Fliegen durch die Luft schwirrten, wenn er den Pferdestall ausmistete, oder die fetten Kühe kalbten, an das Glücksgefühl, wenn er abends müde und zufrieden auf dem Heuwagen saß und den Sonnenuntergang betrachtete. Er erinnerte sich an die Abende in der Gesindestube, wo mit Schnitzmessern, Stopfnadeln und Stricknadeln gearbeitet wurde, während die Alten Geschichten von früher erzählten.

In der Schmiede, im Stall und auf den Feldern, weit entfernt von der feinen Stube, Spitzenkrägen und harscher Disziplin, hatte er sich schon damals als Teil eines Ganzen gefühlt. Und nun erntete er auf der anderen Seite der Erde in der Gemeinschaft verschwitzter Männer in Lendenschurzen saftige, gelbe Mangos und Brotfrüchte.

Melipa spürte Hans Alfreds Blick und versicherte sich, dass die Blumen in ihrem Haar richtig saßen, ehe sie sich umdrehte und den Strand hinauflief. Ihr Lava-Lava war durchnässt und sie war auf dem Heimweg, um den Fang des Tages abzuliefern.

Seit jenem Tag, an dem Hans Alfred in Falese'ela an Land gestiegen war, fühlte sie sich zu dem fremden »Long Killer« hingezogen, der nicht wie die anderen weißen Männer war.

Hans Alfred war nicht so poliert und fein wie die anderen. Obwohl Powell ihm Hosen und Hemden gegeben hatte, zog er oft den bequemen und praktischen Lava-Lava vor und lief barfuß. Sein rotes Haar und sein roter Bart waren ein nicht versiegender Quell der Bewunderung.

Hans Alfred war überwältigt von den vielen Schönheiten der Insel, die mehr oder weniger unbekleidet herumliefen, und obwohl viele noch hübscher als Melipa waren, mochte er die Häuptlingstochter besonders gern.

Als er noch entkräftet in Powells Haus gelegen hatte, hatte Melipa oft nach ihm gesehen. Im Halbschlaf hatte er registriert, wie sie behutsam seine Decke richtete, das Fenster vor dem Wind verschloss oder ein feuchtes, kühles Tuch auf seine Stirn legte. In seinem Zustand konnte er manchmal nicht unterscheiden, ob er wachte oder träumte und ob diese Gestalt wirklich war.

Später war ihr Kontakt eher sporadisch, aber Hans Alfred spürte, dass er und Melipa eine besondere Verbindung hatten. Irgendwie schafften sie es immer, in der Nähe des anderen zu sein. Obwohl sie nicht miteinander sprachen, fühlte er sich ruhig und sicher, wenn sie in seinem Blickfeld war.

»Maneia – schön!« Hans Alfred hatte Jane Emma gebeten, ihm dieses Wort beizubringen, und es viele Male geübt. Als Melipa das nächste Mal vorbeiging und sie einander in die Augen sahen, sagte er es laut. Sie lächelte überrascht und lachte über seine Aussprache, ehe sie den Blick niederschlug und verlegen lächelte. Als Häuptlingstochter hatte Melipa einen hohen Status, weshalb er vorsichtig war. Auf keinen Fall wollte er es sich mit dem Dorfoberhaupt verscherzen.

Der weiße Mann war schon seit Längerem ein Thema bei den Versammlungen im Gemeinschaftshaus. Der oberste Rat, zu dem auch Melipas Vater Matai Maiava gehörte, hatte den rothaarigen Long Killer genau beobachtet und bemerkt, dass er stark war und einige Fähigkeiten besaß, die sie selbst nicht hatten und die der Gemeinschaft zugutekommen konnten. Außerdem war er Soldat und konnte kämpfen. In Anbetracht der gelegentlichen Konflikte zwischen den Stämmen oder mit den Kolonialmächten war ein starker Weißer durchaus von Vorteil für das Dorf.

Vermutlich waren auch die Sprachkenntnisse des Dänen besser als ihre eigenen, was Verhandlungen oder die Zusammenarbeit mit Konsulaten, Behörden und Händlern in der Hauptstadt Apia betraf. Offenbar hatte er auch noch Kontakt zu seiner Familie, und es war nicht auszuschließen, dass diese reich war.

Thomas Powell hatte ebenfalls nur Gutes über ihn zu sagen, also beschlossen die Häuptlinge, Long Killer im Dorf behalten zu wollen. Die Frage war, ob er nicht irgendwann weiterreisen und sich auf einer anderen Insel oder in einem anderen Dorf niederlassen würde. Deshalb wollten sie ihm ein Angebot machen, das er nicht ausschlagen konnte.

Hans Alfred war gleichermaßen stolz und eingeschüchtert, als er zu einer Audienz bei Melipas Vater gerufen wurde. Er wusste nicht, was ihn erwartete, und beschloss, sich dicht an Thomas Powell zu halten, der die Rituale kannte und ihm erklären konnte, was gesagt wurde.

Die Audienz lief dann ganz anders als gedacht. Hans Alfred fühlte sich wie in einem verrückten Traum, der sich als Wirklichkeit entpuppte, von Angesicht zu Angesicht einem samoanischen Häuptling gegenüber, der ihm anbot, seine Tochter zu heiraten.

Auf Fünen war die Verblüffung groß, als der Vater den frisch angekommenen Brief öffnete. Er runzelte die Stirn und las ihn noch einmal. Heiraten? Hans Alfred? Noch dazu eine samoanische Häuptlingstochter. Langkildes Brust schwoll vor Stolz. Das war sensationell.

Offenbar waren Hans Alfreds wilde Jahre zu Ende, und er hatte sein Glück in der Südsee gefunden. Der Pächter war erleichtert, und selbst Pouline war erfreut über die Neuigkeit. Sie konnte kaum glauben, dass dieser ungezogene Bengel am anderen Ende der Welt eine Häuptlingstochter heiratete.

Melipa Maiava. Hans Alfreds Vater ließ sich den Namen auf der Zunge zergehen und las neugierig weiter. Der britische Missionar war erneut behilflich und erklärte, was der Häuptling von seinem zukünftigen Schwiegersohn und dessen Familie erwartete. Eigentlich waren die Samoaner gegen Mischehen, aber einen Europäer wie Long Killer konnten sie akzeptieren.

Die traditionelle Brautwerbung in Samoa durchlief mehrere Stadien. Der Bräutigam in spe musste zuerst seine Fühler in Richtung der Auserwählten ausstrecken, um herauszufinden, ob sie ebenfalls Interesse hatte. War dies der Fall, begann der Mann, Geschenke zu schicken, meist in Form von Naturalien. Wurden diese nicht angenommen, musste er sich steigern. Schweine standen hoch im Kurs, und eine ganze Herde war kaum auszuschlagen. Wenn die Frau und ihre Familie die Geschenke annahmen, begannen die Vorbereitungen zur Hochzeit.

Pächter Langkilde lehnte sich zurück und las weiter. Wie hoch mochten Mitgift oder Brautgabe sein, die der zukünftige Schwiegervater erwartete? Leider würde er sie nicht persönlich überbringen können, obwohl ihn der Gedanke reizte. Seine Gesundheit war angeschlagen, er musste aufs Geld schauen, und sicher wäre Pouline gegen eine solche Reise.

Dem Brief zufolge hatte Hans Alfred große Pläne für die gemeinsame Zukunft mit Melipa. Er schrieb, dass sie Land kaufen und eine eigene Plantage aufbauen wollten, um sich innerhalb weniger Jahre selbst versorgen und einen Teil ihrer Ernte verkaufen zu können, die aus Kakaobohnen und Zuckerrohr bestand, aber auch aus fremden Pflanzen und Früchten, von denen der Pächter nie gehört hatte. Im Umschlag lagen einige große Samen. Hans Alfred schlug seinem Vater vor, sie in Frederiksgave auszusäen, doch zunächst landeten sie in einer Glasschale auf der Kommode.

Langkilde war beeindruckt vom Mut und den Plänen seines Sohnes. Wenn Hans Alfred nur die Hälfte davon in die Tat umsetzte, würde er in der Ferne zurechtkommen.

In Samoa bauten Hans Alfred und die Männer ein Fale, in dem das zukünftige Ehepaar und Melipas Sohn wohnen sollten. Das Fale der Familie Maiava, wo sie ihr bisheriges Leben verbracht hatte, lag in der Mitte des Dorfes und hatte seine eigene Plantage.

Als Schiffszimmermann hatte Hans Alfred gewisse Erfahrungen gesammelt, auch wenn die Samoaner eine ganz andere Bauweise pflegten und andere Materialien benutzten. Trotzdem gelang es dem Dänen, das Haus der Familie ein wenig individuell zu gestalten. Es bestand aus einem großen Raum mit einem Dach aus geflochtenen Palmenblättern. Zwischen den Säulen hingen Vorhänge, die man nachts oder bei tropischen Regengüssen zuziehen konnte.

Als die Hütte fertig war, dachte Hans Alfred stolz und zufrieden, dass er in Dänemark nie ein Haus mit seinen eigenen Händen gebaut hätte. In seiner alten Heimat wäre höchstens eine Hundehütte daraus geworden.

Hans Alfred nahm die alte Goldmünze, die er von seinem Vater bekommen hatte und die ihm auf seinen Reisen als Talisman gedient hatte. Er wog sie noch einmal in der Hand und steckte sie in einen Spalt über dem Eingang des Fale, das sein und Melipas zukünftiges Heim werden sollte. »Leb wohl, mein Junge«, murmelte er und ging hinein.

Nur ein halbes Jahr nach Hans Alfreds spektakulärem Erscheinen am Strand von Faleseʼela wurden er und Melipa mit einem traditionellen Ritual getraut. Weil der Palagi keine Familie auf den Inseln hatte, wurden die Feierlichkeiten mit Thomas Powells Hilfe den Umständen angepasst, während eine angemessene Summe als Mitgift für Matai Maiava auf dem Weg von Dänemark war.

Die Frauen hatten das Gemeinschaftshaus mit duftenden Blüten geschmückt, und alle Dorfbewohner saßen zusammen und betrachteten neugierig das ungleiche Paar, das von einem Priester des Dorfes vereint werden sollte. Einige der Gäste waren in ʼie toga – fein gewebte Matten – gehüllt, andere trugen ihre feinsten Lava-Lavas. Die Haare der Frauen waren mit geschnitzten Kämmen hochgesteckt und mit Blüten geschmückt, alle trugen Blumenkränze oder Ketten und Armbänder mit kreideweißen Muscheln, getrockneten Beeren und Perlmutt.

Eine Jungfrau war ausgewählt worden, um im schönsten und größten *tanoa* (Teakholzgefäß) des Dorfes das traditionelle und heilige *'ava* zu brauen. Das brauntrübe Getränk, das in einer aufgeschlagenen Kokosnuss nach Rangordnung herumgereicht wurde, hob die Stimmung und löste die Zunge, und der Bräutigam trank gierig. Er wusste von früheren *'ava*-Zeremonien, dass es eine beruhigende Wirkung auf ihn hatte.

Hans Alfred tat sein Bestes, um zu verstehen, was um ihn herum vorging und was von ihm erwartet wurde. Er schielte zu Matai Maiava und Melipa hinüber und suchte in der Menge nach Powell, doch bald gab er sich einfach den seltsamen, fremden Ritualen hin, die vor seinen Augen abliefen.

Eines davon hieß *taualuga* und war ein graziöser Tanz, den eine ausgewählte Jungfrau zu Ehren des Brautpaares aufführte. Hans Alfred genoss es, im Mittelpunkt zu stehen. Ein Höhepunkt des Abends war für ihn der Feuertanz der jungen Männer. Der *ailao afi* war eine uralte Tradition und diente unter anderem zum Kampftraining.

Stampfend, stolz und stark folgten sie der traditionellen Choreografie, ließen Fackeln um ihre Köpfe kreisen und steigerten das Tempo immer mehr. Hans Alfred war überwältigt von der Intensität. Stolz betrachtete er seine neue *aiga* und das Dorf, zu dessen Gemeinschaft er nun gehörte.

Samoa war in seinen Augen ein von Genüssen, Schönheit und Liebe erfülltes Traumland. Hier musste er nicht buckeln und sich kleinmachen, hier gab es Platz zum Leben, einen Platz für ihn. Er schwor sich, dass Matai Maiava nie bereuen sollte, ihn in seine Familie aufgenommen zu haben.

Berauscht vom Glück und beruhigt von reichlichen Mengen 'ava, nahm er am späteren Abend Jane Emma und Thomas Powell zur Seite und dankte ihnen überschwänglich für ihre Hilfe und ihren Zuspruch. Er versprach eine große Spende an die Kirche, sobald er wieder aus Dänemark hörte.

Bevor er zum Fest zurückging, schaute Hans Alfred hinauf in den Nachthimmel. Vielleicht gab es ja doch einen Gott? Er schüttelte den Gedanken ab, atmete tief ein und tauchte wieder in das rauschende Fest ein. Sein Fest. Endlich hatte er es zu etwas gebracht. Er war Ehemann und Schwiegersohn eines Häuptlings, und das Wichtigste stand noch bevor: Er würde Vater werden.

David

Andreas und Emilie vermelden von der Rückbank, dass sie Hunger haben. Ich verstehe sie gut, denn es ist schon zwei Uhr nachmittags, und seit dem Morgen haben wir nichts mehr gegessen. Wir essen unsere Snacks, ein paar samoanische Fleischbällchen und Brötchen, die wir bei einem Bäcker gekauft haben, mit den Kids um die Wette. Und wieder einmal stelle ich fest, dass der sprichwörtliche große Appetit der Samoaner kein Gerücht ist.

Wir sind auf dem Weg in eine Region namens Aleisa. An den Anblick der frei an der Straße herumlaufenden Hühner und Schweine sind wir inzwischen gewöhnt. Palmen säumen rechts und links die Straße, Mango- und Bananenbäume wechseln sich ab. Die Natur ist unglaublich fruchtbar, trotzdem ist nicht zu verkennen, dass wir uns in einem armen Land befinden. Die Häuser, an denen wir vorbeifahren, sind baufällig und nach dänischem Verständnis eher Hütten oder Baracken. Schuppen, wie wir sie im Garten stehen haben. In den Vorgärten stapeln sich die Abfallsäcke auf anderthalb Meter hohen, wackeligen Gestellen, damit sich die wilden Schweine und Hunde nicht darüber hermachen.

Einige Plantagen sind mit Draht umzäunt, der locker zwischen in den Boden gerammten Metallpfählen hängt. Dennoch wirkt die Armut nicht bedrückend. Keiner scheint hier wirklich Not zu leiden. Die Menschen sind fröhlich, entgegenkommend, und ihre teils zerschlissenen, einfachen Kleider sind immer sauber. Der Gedanke an so ein einfaches Leben wirkt auf mich immer anziehender. Hier wird mindestens ebenso viel gelächelt wie in Dänemark, die Samoaner verbrauchen aber nur ein Zehntel der Ressourcen. Beiläufig sage ich zu Sisse, dass wir doch eigentlich auch nach Samoa ziehen könnten. Den Traum vom Leben auf einer Südseeinsel verwirklichen, unser materialistisches, terminbestimmtes Leben hinter uns lassen und unseren Kindern eine ganz andere Kindheit ermöglichen.

Meine Beifahrerin wirft mir einen skeptischen Blick zu, und ich konzentriere mich wieder auf die Straße, die verwilderten Schweine und die Mission, die vor uns liegt. Wir suchen nach dem Land, das der Sohn von Hans Alfred und Melipa, Frederick Langkilde, bewirtschaftet hat, für samoanische Verhältnisse eine große, schöne Fläche. Ich hoffe, dort auf Menschen zu treffen, die uns Hans Alfred näherbringen können und vielleicht auch etwas über sein Grab wissen.

Ohne dass sich die Landschaft um uns herum wesentlich ändert, verkündet Theresa irgendwann, dass wir bald den Ort erreichen, an dem Frederick und seine Frau Susana Anfang des 20. Jahrhunderts gelebt haben. Vor einem Metalltor halte ich den Wagen an. Ein schmaler Kiesweg führt zu einem bungalowähnlichen Haus, das deutlich solider aussieht als die meisten anderen. Ein junger Mann in blauen Shorts und Sandalen kommt uns entgegen. Er hat einen nackten Oberkörper und schwarze, lockige Haare. Um den Hals trägt er, wie viele Samoaner, eine Goldkette mit einem Kreuz. Juliet steigt aus dem Auto und erklärt ihm, warum wir hier sind. Breit grinsend gibt der junge Mann mir ein Zeichen, in den Kiesweg einzubiegen und am Haus zu parken. Als ich aussteige, höre ich fröhliche Stimmen, darunter eine tiefe Männerstimme. Ein Mann in grünen Shorts und weißem T-Shirt kommt lächelnd auf mich zu. Seine Haare sind fast weiß, ebenso sein Bart. Spontan muss ich an den charmanten Mr. Miyagi denken, Daniels alten Lehrmeister in *Karate Kid*. Er sieht Pat

Morita, der in der 84er-Version des Films den Mr. Miyagi spielte, sehr ähnlich. Der Mann in den grünen Shorts, der lächelnd die Arme ausbreitet mit den Worten »You're my cousin«, ist unglaublich warmherzig und freut sich über unseren Besuch. Sein Englisch hat einen starken samoanischen Akzent.

»Ein Langkilde, das ist doch nicht zu glauben«, ruft er und greift nach unseren Händen.

Er selbst heißt David Thompson, war sich aber immer bewusst, dass er ein Nachkomme der Langkilde-Familie ist. David, der von allen Ben genannt wird, ist Hans Alfreds Urenkel. Die Plantage, auf der wir uns befinden, hat er von seiner Mutter Rita Langkilde geerbt. David nimmt meine Hand und führt mich ins Haus, wo er vor einem alten Schwarz-Weiß-Foto stehen bleibt.

»Das ist meine Mutter«, sagt er.

Auf dem Foto lächeln uns eine ältere, schlanke Frau und ein freundlich aussehender Herr an. Sie sitzen auf einer weißen Bank. Der Hintergrund sieht wie ein dänischer Schrebergarten in den Fünfzigern aus. Rita hat auffallend dänische Züge. Ihr Lächeln und ihre Augen erinnern mich an meine eigene Urgroßmutter. David zieht mich auf ein Sofa, das mitten im Zimmer steht, und bittet mich, ihm alles zu erzählen. Alles. Er hat immer um seinen dänischen Hintergrund gewusst, kennt aber nur Bruchstücke der Geschichte. Mein Besuch ist für ihn eine große Überraschung.

Ich nehme einen Bleistift und ein Stück Papier und zeichne ihm den Stammbaum unserer Familie auf, beginnend mit Hans Hansen Langkilde vom Langkilde-Hof auf Fünen. Es folgen Hans Alfred und Davids Großvater, Frederick Langkilde. Ich erzähle ihm von Hans Alfreds Zeit als Dragoner, dass sein Vater Jägermeister des dänischen Königs war, und dass Hans Alfred auf seinem Weg nach Samoa viele Jahre auf einem Walfangschiff gearbeitet hat. David kann sein Glück kaum fassen, seine Geschichte von einem Dänen erzählt zu bekommen, der wie aus dem Nichts aufgetaucht ist. Ich verstehe ihn nur zu gut, denn auch für mich ist die Suche nach meiner entfernten Familie und den vergessenen Geschichten ein großes Erlebnis.

David betreibt noch immer die geerbte Plantage. Er ist 69 Jahre alt, wirkt aber deutlich jünger. Seine Energie und sein Humor gefallen mir. Er bittet mich, ihm zu folgen, und wir begeben uns raus in die nachmittägliche Hitze. Über einen schmalen Pfad führt er mich zwischen Kokospalmen hindurch zu einer kleinen Anhöhe, auf der ein Holzschuppen mit Blechdach steht.

Unter dem Blechdach stehen zwei große, marmorne Grabsteine auf einem Betonsockel. Ich stehe an Fredericks und Susanas letzter Ruhestätte, einen letzten Schritt von Hans Alfred entfernt. In einer Vase stecken frische, gelbe Blumen. David freut sich, endlich mehr über den geheimnisvollen Dänen erfahren zu haben, von dem er bisher nur wusste, dass er aus einem weit entfernten Land im Norden kam.

David nimmt wortlos meine Hand, und ich weiß, dass wir dasselbe denken. Wir haben beide wichtige Puzzleteile in unserem Lebensbild platzieren können, das langsam Form annimmt.

Eine weitere Station meiner Reise liegt damit hinter mir. Sowohl David als auch ich machen unzählige Fotos, bevor wir uns wieder in den Wagen setzen und zurück nach Apia fahren. Es wird Zeit, ein bisschen Schlaf zu bekommen. Ich bin erst seit wenigen Tagen in Samoa, die emotionaler und erlebnisreicher waren als die letzten Jahre zusammen.

Apia

Melipas und Hans Alfreds erstes Kind kam im November 1874 zur Welt. Sie nannten das kleine Mädchen Elise, nach ihrer Großmutter und Tante, die beide Elisabeth hießen. Wie es die Tradition verlangte, begruben sie den *fanua*, den Mutterkuchen des Kindes, in der Nähe ihres Hauses, um die Verbindung der Neugeborenen mit dem Dorf und ihrer *aiga* zu stärken. Dahinter stand der Gedanke, dass Elise selbst einmal in derselben Erde begraben werden sollte.

Im Lauf von zwölf Jahren folgten vier weitere Kinder: Frederick, Marie, Victor und Hans Valdemar, die wie Elise den Nachnamen Langkilde trugen. Melipas erster Sohn wuchs rasch in seine Rolle als großer Bruder herein.

Der Briefwechsel zwischen Samoa und Frederiksgave wurde fortgeführt, und Hans Alfred bemerkte, wie er mit jedem Brief in der Achtung seines Vaters stieg. Erfreut stellte er sich vor, wie seine Abenteuer auf Fünen weitererzählt wurden.

Er hatte immer als das schwarze Schaf der Familie Langkilde gegolten und hoffte, dass seine Geschwister und vor allem seine Onkel, die Herrenhöfe und andere Güter betrieben, dies nun anders sahen. Bei dem Gedanken stieg der alte Zorn wieder in ihm hoch. Er konnte nicht vor sich selbst und seiner Vergangenheit davonlaufen, wobei er das weiß Gott versucht hatte. Selbst hier, in seinem neuen Leben, holten ihn die dunklen Gedanken noch manchmal ein. Dann fühlte er sich einsam und spürte erneut den Drang nach starken Getränken.

Melipa und Hans Alfred erwarben ein Stück Land und legten eine kleine Plantage an. Ihre Güter flossen in die Wirtschaftsgemeinschaft des großen Familienverbands, an dessen Spitze Matai Maiava stand. Wie er seinem Vater mitgeteilt hatte, wollte sich Hans Alfred jedoch langfristig besser positionieren, indem er der Familie mehr Land beschaffte und den Plantagenbetrieb des Dorfes ausbaute.

Die Arbeit in den Plantagen war anstrengend, alles wurde in Handarbeit angebaut. Im Vergleich zu dem, was Hans Alfred aus Frederiksgave kannte, wo Zugpferde und Ochsen mit den entsprechenden Geräten die Arbeit erleichterten, ging hier alles sehr langsam.

1875 bekam Hans Alfred die Nachricht, dass das Erbe seiner Schwester Elisabeth über Hamburg an das deutsche Konsulat in Apia überwiesen worden war. Um an das Geld zu kommen, musste er sich in die Hauptstadt an der Nordküste begeben, die er bisher gemieden hatte, und einer unbekannten Anzahl Deutscher gegenübertreten.

Die in Hamburg ansässige Handelsgesellschaft Godeffroy & Sohn hatte sich seit Längerem in der Hafenstadt und den umliegenden Inseln etabliert, wo sie unter anderem den Handel mit Kakao und dem begehrten Kopra, getrocknetem Kokosfleisch, dominierte. Die Deutschen waren für ihre barschen Methoden bekannt, auf ihren Plantagen schufteten melanesische Zwangsarbeiter. Das paradiesische Bild, das Hans Alfred vor Augen hatte, bekam erste Risse.

Matai Maiava hatte drei Männer ausgewählt, die Hans Alfred zu Fuß über die Berge in die Hauptstadt begleiteten, die Luftlinie nur zwanzig Kilometer entfernt lag. Doch der Weg verlief über verwachsene, kurvige Pfade, und stellenweise drangen die Männer nur mit Äxten und Macheten durch den Wald.

Im Gepäck hatten sie Proviant und Wasser sowie eine Auswahl kunsthandwerklicher Produkte, Angelhaken und Waffen aus dem Dorf dabei, die sie auf dem Markt verkaufen wollten. Die Hitze war erdrückend, und obwohl der tropische Regen die Pfade und Felsen gefährlich glatt machte, empfand Hans Alfred ihn als willkommene Abkühlung.

Er wusste kaum noch, wann er zuletzt seinen Fuß in eine richtige Stadt mit Häusern, Schiffen, Lärm und Getümmel gesetzt hatte. Apia bot Dinge und Möglichkeiten, die auf der anderen Seite der Berge unvorstellbar waren. Hans Alfred fühlte sich, als trete er in eine andere Zeit ein, und dachte lächelnd an seine Ankunft in New York. Gleichzeitig stieg die alte Angst in ihm auf.

Als er seinen Lava-Lava gegen Hemd und Hose tauschte, überlegte er, ob das Ganze eine Falle sein könnte. Am Ende hatten die Deutschen alles geplant, um sich endlich an ihm rächen zu können? Vielleicht hatten sie die Sache damals den deutschen Behörden gemeldet, die ihn aufgespürt hatten und nun das Erbe seiner Schwester als Lockmittel nutzten?

Am Hafen fand Hans Alfred eine Schänke, in der er seine Nerven beruhigen konnte, und schließlich kam er zu dem Schluss, dass die Verfolger nur in seinem Kopf existierten und sich weder in Apia noch anderswo befanden. Er riss sich zusammen.

Mit festen Schritten betrat er das deutsche Konsulat. Er gab sich zu erkennen, unterschrieb ein Formular und bekam seine 74 Reichstaler, 5 Mark und 3/16 Schilling ausgehändigt.

Erleichtert, ja beinahe euphorisch verließ er das Konsulat und zog mit seinen Begleitern durch die Stadt. Er hatte Geld in der Tasche, und das sollte gefeiert werden. Doch nur mit einem Glas, denn er wusste, wofür er das Geld einsetzen wollte. Die Amerikaner, Briten und Deutsche hatten Pferde nach Apia gebracht, die als Transportmittel für Konsuln, Kaufleute und andere Reiche dienten. Am Sonntag spannte man sie vor eine Kutsche und fuhr weiß gekleidete Damen in die Kirche.

Viele der Tiere hatten schon bessere Tage gesehen. Die lange Schiffsreise, Verletzungen oder ein nervöses Gemüt machten einen Teil als Arbeitstiere untauglich, aber mit seiner Pferdekenntnis würde er schon ein paar brauchbare Arbeitstiere finden.

Nach wenigen Tagen fand er einen britischen Geschäftsmann, der ihm ein Pferd mittleren Alters für eine bescheidene Summe verkaufen wollte, wenn er das nächste Mal in der Stadt war.

Die Neuigkeit über das samoanische Pferd amüsierte Hans Alfreds Vater. Zu gerne hätte er ein Bild des Kleppers gesehen, der sich kaum mit den edlen Rassepferden messen konnte, die in Frederiksgave im Stall standen. Lächelnd dachte der Pächter an die Zeit, in der Frederik VII. regelmäßig zu Gast auf dem Herrenhof war.

Jetzt regierte Christian IX. in Dänemark, und Langkilde schrieb, dass dieser nach mehreren Anläufen all jenen einen Tapferkeitsorden versprochen hatte, die an den Schleswig-Holsteinischen Kriegen teilgenommen hatten. Langkilde wollte ein Gesuch im Namen Hans Alfreds schreiben, da er meinte, sein Sohn verdiene eine »Erinnerungsmedaille für den Krieg 1864«. Er war stolz auf seinen Sohn und gleichzeitig froh, dass er überlebt hatte.

Hans Alfred wollte weder an den Krieg noch an seine Schmach erinnert werden, und ganz sicher nicht für einen Orden nach Dänemark zurückkehren. Behutsam gab er dem Vater zu verstehen, dass er dessen Absicht schätze, jedoch auf solch eine Auszeichnung verzichten könne.

Den Rest des Briefes füllte er mit Überlegungen, die ihn seit seinem Besuch in Apia nicht losließen. Dort brachten Schiffe aus Amerika und Europa Waren und Neuigkeiten, die auch für ihn nützlich sein könnten. Maler, Dichter und Schriftsteller bereisten die Südseeinseln, und viele ließen sich zeitweilig in Apia nieder, um zu schreiben, sich von Krankheiten zu erholen oder einfach das süße Leben zu genießen. Hans Alfred verstand sie nur zu gut.

In Samoa konnte man das Beste aus dem Leben machen, wenn man seine Karten richtig ausspielte. Dafür musste man aber zur rechten Zeit zur Stelle sein, am Handelsleben teilnehmen und die richtigen Kontakte pflegen. Deshalb beschloss Hans Alfred, dass er und seine Familie früher oder später umziehen mussten.

Die Korrespondenz zwischen Samoa und Fünen hatte das Verhältnis zwischen Vater und Sohn gestärkt, und allmählich fand Hans Alfred, dass er der Rolle als Erstgeborener gerecht wurde. Er freute sich über das Interesse seines Vaters und auf dessen Briefe, die ein Bindeglied zu seinen inzwischen in alle Winde verstreuten Geschwistern waren: Carl und Ernst, neun und elf Jahre jünger als er, waren beide in die USA ausgewandert und lebten im Staat Illinois.

Carl hatte sich noch nicht etabliert, Ernst versuchte sich als Farmer bei Chicago. Rudolph hatte erfolgreich Pharmazie studiert, Dagmar bereitete gerade ihre Hochzeit mit dem Tierarzt Carl Plum vor. Langkilde riet seinem Sohn, die Ehe mit Melipa auch amtlich zu besiegeln, damit sie und die Kinder besser dastünden, sollte ihm etwas passieren. Weitere Neuigkeiten aus der alten Heimat waren der Übergang vom Reichstaler zur Krone und der Tod Hans Christian Andersens.

1880 setzte Hans Alfred seinen Plan in die Tat um und zog an die Nordküste. Neben Melipas Sohn hatten sie inzwischen drei gemeinsame Kinder. Die Familie ließ sich in Vaimoso nieder, einem Dorf wenige Kilometer außerhalb von Apia. Dort konnten sie ihre eigene Plantage anlegen. Das Paar folgte dem Rat des Vaters und wurde am 8. Dezember 1880 auf dem amerikanischen Konsulat in Apia auch amtlich getraut.

Pächter Langkilde beglückwünschte seinen Sohn in einem Brief und überbrachte ihm die traurige Nachricht, dass Hans Alfreds fünf Jahre jüngerer Bruder Victor vermutlich auf dem Weg nach Australien mit seinem Schiff auf offener See untergegangen war. Auch Peter, mit dem Hans Alfred in Odense zur Schule gegangen war, war in der Zwischenzeit verstorben.

Hans Alfred dachte, wie flüchtig das Leben doch war. Er hatte seine Mutter und vier seiner neun Geschwister verloren, die Hälfte der Familie war fort. Für einen Augenblick erwog er, nach Dänemark zu reisen, um an der Trauerfeier teilzunehmen, seinem Vater beizustehen und die übrigen Geschwister zu treffen – Dagmar, Rudolph und Ann Margrethe, die er gar nicht mehr erkennen würde. Doch er schob den Gedanken von sich. Es würde nichts ändern und wäre sehr teuer.

Hans Alfred fühlte sich in der neuen Umgebung wohl und war bereit, ein neues Kapitel in seinem Leben aufzuschlagen. Dieser Szenenwechsel entsprang keiner Unsicherheit oder spontanen Entscheidung. Die Verantwortung für seine Familie eröffnete ihm neue Perspektiven und erfüllte ihn mit einem Tatendrang, der ihn selbst überraschte. Gemeinsam mit Melipa schuf er ein sicheres Heim und baute eine Plantage auf, die die Familie mit allem Notwendigen versorgte.

In seiner Jugend hatte sich Hans Alfred stets geweigert, als Pächter oder Bauer in die Fußspuren seines Vaters oder seiner Onkel zu treten. Erst in Samoa, weit weg von der dänischen Kälte, fehlgeschlagenen Ernten und anderen Hindernissen, kam er auf den Geschmack. Das tropische Klima war trotz der gelegentlichen schweren Orkane perfekt für den Anbau von Kakao, Brotfruchtbäumen und Yamswurzeln, und in Falese'ela hatte er alles Erforderliche von den Einheimischen gelernt.

Er war inzwischen selbstsicher genug, um sein eigenes Geschäft aufzubauen. Er stellte Arbeiter ein, und obwohl die Plantage kein Vergleich zu Frederiksgave war, war sie etwas ganz Besonderes für ihn, denn es war seine eigene.

Im Lauf der Jahre hatte Hans Alfred Samoanisch gelernt. Mit seiner hellen Haut, guten Sprachkenntnissen und der Kenntnis von Kultur und Gebräuchen knüpfte er rasch Kontakte in Apia, an die er die Erträge der Plantage verkaufen konnte. Nach dem Verkauf der Ware blieb er gerne eine Weile im Hafen, um mit Seeleuten, Missionaren, Abenteurern, Künstlern oder Kaufleuten aus aller Welt zu plaudern. Dabei fiel ihm auf, dass viele von ihnen auf der Suche nach etwas waren, das sie als Souvenir mit nach Hause bringen konnten – Schmuck, geflochtene Körbe, Holzschnitzereien, traditionelle Waffen und mehr.

Für Hans Alfred war die samoanische Kultur ein natürlicher Teil seines Lebens geworden, doch bei seinen Gesprächen im Hafen wurde ihm bewusst, wie exotisch die indigenen Samoaner und ihre Gebräuche auf die Besucher wirkten. In ihren Augen war er ein Bindeglied zu dieser exotischen Welt. Wegen seiner vielen Kontakte auf der Insel war der rothaarige Däne sehr gefragt, wenn neue Schiffe anlegten.

Die meisten gewünschten Waren konnte Hans Alfred beschaffen, und schließlich kaufte er ein kleines Lager, um seinen Kunden Schalen, Messer, Perlenketten, Armringe und andere Souvenirs vor Ort anzubieten, die bald Wohnzimmer in der ganzen Welt zierten. Der bescheidene Verdienst war ein Zubrot zu dem, was die Plantage abwarf, die er mit der Zeit erweitern wollte, da Land noch immer das Wichtigste war, was ein Mann auf Samoa besitzen konnte.

Hans Alfred wuchs mit seinen Aufgaben als Ehemann, Familienvater und Geschäftsmann. Er handelte unbesorgt auch mit Deutschen, doch am wohlsten fühlte er sich weiterhin unter Samoanern, die selbst in schwierigen Zeiten eine innere

Ruhe bewahrten, um die er sie beneidete. Er selbst war noch nicht ganz von seinen Dämonen befreit. Wenn sie ihn heimsuchten, fand er nur am Boden einer Flasche Ruhe und musste von Melipa wieder aufgepäppelt werden.

Obwohl Hans Alfred geschworen hatte, nie nach Dänemark zurückzukehren, weckte der Tod seiner Brüder den Wunsch, wenigstens den Vater noch einmal im Leben zu sehen.

Der Briefwechsel zwischen Samoa und Dänemark war ein wichtiger Teil seines Lebens. Sein Vater nahm die Post des Sohnes mit angebrachter Zurückhaltung entgegen, aber sobald die Tür zu seinem Büro geschlossen war, riss er die Briefe auf und beugte sich neugierig über die Berichte seines Sohnes über die neuesten Objekte in seinem Sortiment: farbenfrohe Matten und Kleider, handgearbeiteter Schmuck und Waffen, Körbe und Haushaltsutensilien. Eines Tages kam ein großes Paket in Frederiksgave an, dessen Inhalt den Hobbyarchäologen Langkilde entzückte.

In dem Paket lagen eine primitive Armbrust, ein Bogen mit Pfeilen und eine Beschreibung, wie die Pfeilspitzen vor Gebrauch in tödliches Gift getaucht wurden. Langkilde erkundigte sich in seinem Dankesbrief, ob es noch mehr solche Artefakte gebe. Nicht für ihn privat, schrieb er, sondern um die Stücke der Allgemeinheit zugänglich zu machen.

Hans Alfred genoss die Aufmerksamkeit des Vaters, und in den Jahren 1882 und 1883 schickte er eine ganze Sammlung samoanischer Artefakte nach Dänemark. Der Vater studierte jeden Gegenstand und übergab die Sammlung Stück für Stück dem Ethnographischen Museum in Kopenhagen. Am 13. September 1883 quittierte das Museum mit einem Brief an den »Hochwohlgeborenen Herrn Jagdmeister F. Langkilde zu Frederiksgave, Ritter des Danebrogs. Frederiksgave bei Assens«. Darin stand geschrieben:

*Nachdem die von Euer Hochwohlgeboren an das Königlich
Ethnographische Museum donierte Sammlung von Waffen
und Schmuck nebst Ponchos, Mänteln und anderen gemus-
terten Stoffen von den Samoa-Inseln als Inventar des Museums registriert wurde, ist es meine willkommene Pflicht, Ihnen hiermit im Namen des Königlichen Museums für diese
seltene und wertvolle Schenkung verbindlichst zu danken.
Ich darf den Herrn Jagdmeister bitten, Ihrem Herrn Sohn bei
nächster Gelegenheit unsere Hochachtung für den Fleiß und
die Umsicht auszusprechen, mit denen die Sammlung der
Gegenstände unter den gegenwärtigen Bedingungen auf
Samoa zuwege gebracht wurde, wo die stark vordringende
westliche Kultur die eigentümlichen Sitten und Gebräuche
der Urbevölkerung immer mehr verdrängt.*

Hans Alfreds Brust schwoll vor Stolz.

Ein Sturm zieht auf

In Vaimoso erweiterten Hans Alfred und Melipa nicht nur die Plantage, sondern auch ihre Familie. Für Hans Alfred war es wichtig, dass seine Kinder Namen trugen, die sie mit seiner Familie in Dänemark verbanden. Nicht nur, weil sein Vater dies zu schätzen wüsste, außerdem führten die Kinder auf diese Weise seine eigene Geschichte fort. 1884 bekam das Paar einen weiteren Sohn, den sie nach seinem ertrunkenen dänischen Onkel Victor nannten. Der nächste Sohn bekam den Namen Hans Valdemar, nach Hans Alfreds Großvater.

Melipa und Hans Alfred hielten den Kontakt zu Thomas Powell und dessen Frau, die nun in der Hafenstadt Pago Pago auf der Insel Tutuila östlich von Upolu wohnten. Hans Alfred berichtete seinem Retter von der Familie, der Plantage und seinen Geschäften, und wie immer schloss er den Brief mit einem großen Dank für alles, was die Powells für ihn getan hatten.

Obwohl die Missionare nicht überall auf den Inseln beliebt waren, weil einige von ihnen die indigene Kultur und Religion mit Füßen traten, war Thomas Powell beinahe ein Heiliger für Hans Alfred und Melipa. Sie betrachteten ihn unabhängig vom restlichen Missionswesen.

1885, gut zehn Jahre nachdem er ihn am Strand von Faleseʻela aufgelesen hatte, schrieb Powell an Hans Alfred, dass Jane Emma und er nach dreiundvierzig Jahren im Dienst der Mission beschlossen hätten, nach England zurückzukehren. Leider könnten sie nicht persönlich nach Apia kommen, um sich zu verabschieden, doch Powell versprach, den Kontakt zu halten. Im Jahr darauf erhielt Hans Alfred ein Päckchen aus England.

In dem braunen Papier lag das Buch *A Manual of Zoology Embracing the Animals of the Scripture,* an dem Powell viele Jahre gearbeitet hatte. Es war ein illustriertes Werk über die Wildtiere von Samoa und eines der ersten gedruckten Bücher, das auf Samoanisch erschien. Hans Alfred wog es in der Hand und dachte mit einer Mischung aus Wehmut und Stolz an seinen alten Mentor. Dies war das letzte Mal, dass er von ihm hörte. Thomas Powell starb im April 1887 im Alter von 69 Jahren.

In Dänemark spekulierte der alte Pächter Langkilde, ob es möglich war, Hans Alfred und seine Familie zu einem Besuch in Dänemark zu bewegen. Seine Silberhochzeit stand vor der Tür, eine willkommene Gelegenheit zu einem Familientreffen. Doch Hans Alfred biss nicht an, da es niemanden gab, der die Plantage und seine Geschäfte hätte leiten können. Zwar war die Versuchung groß, aber Hans Alfred befürchtete, die gesamte Arbeit der letzten Jahre könne umsonst gewesen sein, wenn er für längere Zeit verreiste. Zu allem Überdruss bahnte sich auf Samoa ein Bürgerkrieg an.

Im Alltag spürte Hans Alfred nicht viel von den politischen Machtkämpfen, die Samoa damals erschütterten. Amerikaner, Briten und Deutsche konkurrierten um die Vorherrschaft über den Handel und die Häfen. Der Konflikt schwelte seit etwa 1860 – über zehn Jahre, bevor Hans Alfred nach Samoa kam – und entflammte schließlich 1888.

Auch wenn die drei Kolonialmächte die Inseln mehr oder weniger im Griff hatten, genoss Samoa einen gewissen Grad an Selbstbestimmung, und die Häuptlinge besaßen nach wie vor viel Macht. Es gab sogar einen König, der de facto über wenig Macht verfügte, trotzdem aber eine wichtige Figur im Spiel der Kolonialherren war.

Jede Kolonialmacht hatte ihren eigenen Favoriten für den Königsthron. Dabei nutzten sie die alten Konflikte zwischen den Familienclans und Dörfern und unterstützten jeweils die Fraktion, die ihre Interessen am stärksten vertrat.

Hans Alfred vermied es, in die Konflikte hineingezogen zu werden. Mit Kunden und Geschäftspartnern auf allen Seiten war es wichtig, Neutralität zu wahren, doch allmählich spürten alle Bewohner von Apia, wie die Spannungen zunahmen.

Interne Konflikte und Streitigkeiten um Land oder Ehre hatten in Samoa Tradition. Früher waren sie von kleinen Kriegerscharen zwischen den Dörfern und Clans ausgetragen worden, doch nun rüsteten die Kolonialmächte ihre jeweiligen Verbündeten mit Gewehren und Kanonen aus.

Hans Alfred war erschüttert angesichts der brutalen Eskalation. Nachdem die ersten Plantagen der Kolonisten zerstört waren, gab es Strafaktionen. Ganze Dörfer wurden in Brand gesteckt, menschliche Tragödien ausgelöst. Hans Alfred beschloss, dass dieser Krieg nicht seiner war. Sein Platz war bei der Familie, die er beschützen und versorgen wollte.

Doch auch ihm kam der Bürgerkrieg sehr nah, als einer seiner besten Leute in einen Kampf verwickelt wurde. Er verfluchte die Kolonialherren, während er Waren packte, die er an das deutsche, britische und amerikanische Konsulat lieferte, und sich dabei wie ein Verräter fühlte.

Die Kämpfe gerieten außer Kontrolle, und eines Tages im Frühjahr 1889 segelten sieben große Kriegsschiffe auf Apia zu. Hans Alfred stürzte zum Hafen, Melipa rief die Kinder herein. »Olga«, »Adler« und »Eber« las er am Bug der deutschen Schiffe, als sie dicht genug waren. Bald folgten die amerikanischen Kriegsschiffe »Vandalia«, »Trenton« und »Nipsic«, und schließlich die britische Korvette »Calliope«.

In der Nacht vom 16. auf den 17. März 1889 tobte in Apia ein Zyklon. Er verwüstete Plantagen und Gebäude, Palmen wurden entwurzelt, Gegenstände flogen durch die Luft. Die Menschen flüchteten aus ihren eingestürzten Hütten und suchten Schutz, wo immer es möglich war. Viele verloren ihr Heim.

Im Hafen schlugen die Wächter auf den Kriegsschiffen Alarm, aber trotz ihrer Erfahrung traf der Orkan die Besatzungen unvorbereitet. Er war so stark, dass die großen, schweren Schiffe Gefahr liefen, vom Anker gerissen zu werden und an der Küste, einem Riff oder aneinander zu zerschellen. Panik machte sich breit.

Während die Deutschen und Amerikaner versuchten, ihre Schiffe vor Anker zu halten, setzte der Kapitän der britischen Korvette alles auf eine Karte und setzte in voller Fahrt Kurs aufs offene Meer, wo sich haushohe Wellen auftürmten. Mit gleichen Teilen Glück und Geschick steuerte seine Besatzung die »Calliope« über die Wellenberge. Der Rumpf schlug an mehreren Stellen leck, doch sie kamen durch.

Als sich der Sturm legte und die »Calliope« ohne Verluste wieder in die Bucht einfuhr, bot sich der Mannschaft ein trauriger Anblick. Die drei deutschen Kriegsschiffe waren gesunken und 92 deutsche Seeleute ertrunken. Die Amerikaner hatten 54 Besatzungsmitglieder verloren. Zwei ihrer Schiffe waren zu Kleinholz zerschlagen, das dritte war schwer beschädigt.

Infolge dieser Tragödie versammelte der deutsche Außenminister im April 1889 alle drei Kolonialmächte in Berlin am Verhandlungstisch. Weit entfernt vom Konfliktherd und der indigenen Bevölkerung, handelten sie das Samoa-Abkommen aus. Sie verteilten Gebiete und Handelsrechte und machten Samoa zu einem formell unabhängigen Königreich unter dem gemeinsamen Protektorat der drei Mächte. Mit anderen Worten: Deutsche, Briten und Amerikaner blieben Kolonialherren.

Amerikanisch-Samoa

Im Jahre 1899 wurden die Inseln schließlich zwischen Deutschland und den USA aufgeteilt, und aus ursprünglich einer Nation wurden Samoa und Amerikanisch-Samoa. Samoa hieß bis zum Ersten Weltkrieg Deutsch-Samoa, während die Insel Tutuila und vier andere Inseln zu Amerikanisch-Samoa zusammengefasst wurden. Sie sind heute, genau wie Guam, die Nördlichen Marianen, Puerto Rico und die Amerikanischen Jungferninseln, Außengebiete der Vereinigten Staaten. Die Einwohner dieser Gebiete gelten als amerikanische Staatsbürger, obwohl die Regionen eine eigene Regierungsverwaltung haben. Nach der föderalen Rechtsprechung haben sie kein Wahlrecht auf Bundesebene, wählen aber teilweise bei den Vorwahlen zur Präsidentschaft ihre Delegierten. In diesem Zusammenhang habe ich meinen Cousin Daniel kennengelernt. Als Vorbereitung für unsere Reise nach Samoa las ich mich in die Geschichte Samoas ein: Die westsamoanischen Inseln im Stillen Ozean müssen noch annähernd unberührte Paradiese gewesen sein, als die deutschen Kolonialherren sie in Besitz nahmen. Weniger gut konnte ich mir vorstellen, wie die Mischung aus traditioneller samoanischer und moderner amerikanischer Kultur aussehen würde. Das sollten wir nun erfahren.

Hans Alfred und Melipa hatten fünf Kinder. Victor Langkilde, geboren 1886 auf Samoa, zog nach Amerikanisch-Samoa und gründete dort einen größeren Zweig der Langkilde-Familie. Schon von Dänemark aus hatte ich Kontakt zu einer Reihe von Familienangehörigen hergestellt, die auf Amerikanisch-Samoa leben. Auf Facebook existiert eine Gruppe von Nachkommen Hans Alfreds. Viele von ihnen tragen heute lokale Nachnamen, weil sie geheiratet haben, ein Teil von ihnen heißt aber noch immer Langkilde.

Mit der Facebook-Gruppe tat sich eine Tür zu einem unbekannten Teil meines Lebens auf. Ich war fasziniert von den Fotos polynesischer Menschen, die über Feste, Hochzeiten, Konzerte, Beerdigungen, Familienverhältnisse und ihre gemeinsame Verbindung zu Dänemark berichteten. Ich wurde Teil der Gruppe und stellte mich und mein Buchprojekt vor. Es dauerte nicht lang, bis mich die ersten begeisterten Kommentare erreichten, dass ich eine so lange Reise unternehmen wollte, um sie kennenzulernen. Mir wurde von vielen Seiten Hilfe zugesagt. Besonders ein Mitglied der Gruppe war an einem direkten Kontakt zu mir interessiert: Fatima Langkilde. Eine zierliche Frau mit lächelnden Augen und hochgestecktem Haar, in dem sie die traditionelle polynesische Palmblüte trug.

Es stellte sich heraus, dass Fatima eine sehr enge Verbindung zu ihrem Cousin Fagafaga Daniel hatte. Ihre Väter waren Brüder gewesen. Nicht selten leitete sie ihre Nachrichten mit den Worten »God is great – always« ein, und sie schloss fast immer mit »God bless you«. Fatima schien eine lebenslustige, positiv eingestellte, extrem offene Person zu sein. Sie schrieb, was sie uns alles zeigen wollte, und wie sehr sich die ganze Familie darauf freute, uns einzuladen, mit uns zu feiern und gemeinsam zu essen. Fatima hatte dieselbe Energie und Ausstrahlung, die ich schon bei Fagafaga Daniel erlebt hatte. Sie half uns bei der Buchung des Hotels und gab uns wertvolle Reisetipps. Ich hatte das Gefühl, sie bereits gut zu kennen, als wir ein paar Wochen später Kurs auf Samoa nahmen.

Sisse, die Kinder und ich packten unsere viel zu großen Koffer im Hotel in Apia. Juliet, Theresa und Fatima hatten wir am Abend zuvor in ein kleines Fischrestaurant eingeladen, um uns für ihre große Hilfe und die vielen Touren über die Insel zu bedanken.

Am Morgen stehen wir auf Samoas kleinem Flughafen Faleolo, gegen den jeder mitteleuropäische Regionalflughafen modern und groß ist. Sisse blickt etwas besorgt auf das Flugzeug der Talofa Airways, das nach einer Stunde Wartezeit auf der anderen Seite des Maschendrahtzauns landet. Es ist klein. Sehr klein.

»Ist das wirklich unser Flugzeug?«, fragt sie, und ich nicke. Ich hatte von zu Hause aus die Verbindung und die Fluggesellschaft recherchiert und wusste, dass Talofa Airways über eine Flotte von zwei Flugzeugen des Typs Rockwell 690B Turbo Commander mit Platz für neun Passagiere verfügt. Die kleine Propellermaschine wurde in den 1940er-Jahren entwickelt und stellt noch heute die einzige Flugverbindung zwischen Samoa und Amerikanisch-Samoa dar. Der amerikanische Präsident Dwight D. Eisenhower nutzte 1950 dieses Flugzeug und machte es damit zur kleinsten Air Force One aller Zeiten. Ich versuche, die wegen der vielen Passagiere mit dicken Koffern nervöse Familie zu beruhigen. Wenn das Flugzeug einen amerikanischen Präsidenten transportiert hat und seit den Vierzigern in Benutzung ist, wird es kaum heute vom Himmel fallen, sage ich.

Der Pilot tritt uns auf dem Rollfeld gemeinsam mit einer Flugbegleiterin entgegen. Sie nehmen uns und die anderen Passagiere in Augenschein, wechseln kurz ein paar Worte und beginnen dann, die Fluggäste zu platzieren. Es geht nach Gewicht. Einer nach dem anderen treten wir an die schmale Treppe, ziehen den Kopf ein und schieben uns auf die engen Sitze. Kurz bevor ich einsteige, kommt der Pilot zu mir.

Andreas ist als einer der Kleinsten auserwählt worden, neben dem Piloten zu sitzen. Der Pilot erkundigt sich bei mir, ob das in Ordnung sei, und noch ehe ich antworten kann, ruft Andreas begeistert: »Yes, definitely!«

Emilie und Sisse sitzen ganz hinten in der Kabine, ich bekomme den Platz direkt hinter Andreas und mache Fotos und Videos, um seinen ersten Flug als Co-Pilot gebührend zu dokumentieren. Der Flug verläuft reibungslos, und wir sehen noch einmal aus der Luft die grünen Hügel, schroffen Felsen und weißen Sandstrände.

Der Flug dauert knapp dreißig Minuten, und ich freue mich bereits auf Amerikanisch-Samoa. Wird es nach dem einfachen, landschaftlich so faszinierenden Samoa ein bisschen so sein, wie in die USA zu kommen? Während des Landeanflugs beginnt es heftig zu regnen, und der Flieger gerät in Turbulenzen. Nach gelungener Landung gehen wir durch den strömenden Regen zum Terminal.

Der erste Mensch, den ich durch den Regen sehe, ist Fatima, mit der ich bisher nur via Facebook Kontakt hatte. Fatimas herzliches Lachen, ihre dunklen Locken und die fröhlichen Augen sind nicht zu verkennen. Meine Cousine hat die Erlaubnis erhalten, uns schon an der Passkontrolle zu empfangen, weil das Flughafenpersonal sie kennt. Sie empfängt uns mit offenen Armen. Später stellt sich heraus, dass Fatima nicht nur das Flughafenpersonal kennt, sondern eigentlich alle Bewohner in Amerikanisch-Samoa und umgekehrt.

Während wir auf unser Gepäck warten, erzählt sie uns, dass in der Halle noch mehr Menschen auf uns warten und wir in den nächsten Tagen mit einem ziemlich vollen Programm rechnen müssen. Alles sei genau geplant, und jeden Tag gebe es eine neue Familienaktivität. »Die erste Etappe ist aber das Hotel in der Hauptstadt Pago Pago, und am Abend gibt es dann das Willkommensessen«, sagt sie. Dieser Teil unserer Reise wird eindeutig ein Höhepunkt werden. Wir hatten mit der kleinen Frauengruppe in Samoa ein paar sehr schöne Tage, doch jetzt lernen wir den sehr viel größeren Teil der Familie kennen.

Als wir, angeführt von Fatima, unsere Koffer durch die Glastür in die Halle schieben, höre ich Gesang. Erst glaube ich, dass die Musik aus einem Lautsprecher kommt, doch dann erkenne ich meinen Irrtum.

»*They are singing for you*«, sagt Fatima und geht um eine Ecke.

Wir werden von einer knapp zwanzigköpfigen Gruppe erwartet. »*Welcome, talofa. From our house to yours. We are so blessed to have you here. May you enjoy your family*«, hallt es durch den überdachten Ankunftsbereich.

Neben ein paar älteren Männern und Frauen sind auch viele junge Menschen gekommen. Alle tragen lockere Alltagskleider, Sandalen, Shorts und farbenfrohe Hemden. Sie klatschen im Takt. In der Mitte steht Vickie, Fatimas Schwester, und dirigiert den Chor. Andreas und Emilie lachen überwältigt. Sisse und ich stehen fasziniert da. Als mir eine der Frauen einen Blumenkranz um den Hals legt, fühle ich mich wie in einem Abenteuer aus meinen Donald-Heften, in der Donald Duck und Mickey Mouse mit Blumenkränzen auf Hawaii willkommen geheißen werden. Aber das hier ist kein Comic-Abenteuer, sondern die Realität. Und vor mir steht meine Familie.

Während auch Sisse und die Kinder Blumenkränze um den Hals gelegt bekommen, ertönt eine Kakofonie aus »*Welcome, talofa, God bless you* und *what's your name again?*«. Alle lachen laut durcheinander. Nach unseren vier Jahren in den USA sind Andreas und Emilie zweisprachig und können von Anfang an mit allen reden. Während ich den Rest der Gruppe begrüße, sehe ich Andreas mit einem Mann in einem lila geblümten Hemd, Sonnenbrille und Mütze sprechen, der aussieht wie ein Rapper aus Los Angeles. Spontan schätze ich ihn auf etwa fünfzig, doch später erfahre ich, dass er bald siebzig wird. Er spricht mit breitem New Yorker Akzent, als hätte er italoamerikanische Wurzeln. Der Tonfall passt zu seinem Stil. Der Mann ist Onkel Tamatoa Tony Langkilde, Fatimas Bruder. Tamatoa ist Tonys Häuptlingstitel. Er fungiert als *talking chief* der Familie und versteht sich wirklich aufs Reden – und das auf äußerst charmante Art.

Andreas und Tony sind bereits tief im Gespräch versunken und lachen herzlich. »*That's cool, uncle Tony*«, kommt es von hinten, ohne dass ich mitbekomme, wer es sagt.

Ein anderer Mann kommt zu uns. Er wird Filo genannt, sein offizieller Name ist aber Filoisamoa Langkilde. Er sieht aus wie ein Elitesoldat, was er tatsächlich war, wie ich später erfahre. Nach dem herzlichen Empfang verteilt sich die Gruppe auf die am Straßenrand wartenden großen SUVs, die gemeinsam mit dem breiten Akzent davon zeugen, dass wir auf amerikanischem Territorium sind.

Filo, Fatima, Sisse und die Kinder fahren in Filos gigantischem Pick-up mit. Ein Blick zu den anderen Autos zeigt mir, dass es ganz normal ist, auf der Ladefläche mitzufahren, wo dann auch Filos Sohn Platz nimmt. Sisse ist es zu riskant, Andreas und Emilie hinten sitzen zu lassen. Ich selbst fahre mit Onkel Tony nach Pago Pago, wo wir im einzigen richtigen Touristenhotel der Insel, dem »Sadies's by the Sea«, wohnen.

Die Insel hat im Grunde nur eine Hauptstraße, die an der Küste entlangführt. Auf der Fahrt vom Flughafen in die Stadt sehe ich überall große, amerikanische Autos, Landschaft und Natur sind aber wie auf Samoa. Ich sitze in einem gewaltigen SUV mit einem Mann am Steuer, der wie Al Pacino redet, und fahre über eine Südseeinsel, die faktisch zu den USA gehört. Die Straßen, Schilder und viele Gebäude sehen aus wie in Washington, und mein Hirn braucht eine ganze Weile, um all die neuen Eindrücke zu verarbeiten. Ich bin müde und etwas verwirrt, während ich mit Tony über alles Mögliche plaudere. Über Hans Alfred bis zu den Bands, die wir mögen.

Das »Sadie's by the Sea« sieht aus wie auf den Bildern, die ich im Internet gesehen habe. Umgeben von Palmen und steilen Hängen zum Hinterland, liegt das zweistöckige Gebäude an einem kreideweißen Sandstrand in einer weiten Bucht. Fatima hilft uns beim Einchecken und sagt, dass wir in ein paar Stunden abgeholt und zum abendlichen Willkommensmahl gefahren werden. Wir nutzen die kurze Zeit, um uns auf dem Zimmer auszuruhen.

Filo holt uns ab. Erneut betteln die Kinder darum, hinten auf der Ladefläche sitzen zu dürfen, aber Sisse pocht weiter auf Sicherheit. Ich würde es ihnen ja erlauben, denke aber, dass es sich irgendwann im Laufe der Reise ganz von selbst ergeben wird. Wir halten vor einem Gebäude, das, wie man uns sagt, im Besitz der Familie Langkilde ist. Es ist dunkel, als wir ankommen, im ersten Stock brennt aber Licht, und überall laufen Kinder und Erwachsene herum. Sisse, die Kinder und ich haben uns die Blumenkränze umgehängt, die wir am Flughafen bekommen haben. Meiner kratzt in der feuchten Wärme etwas im Nacken.

Der Raum misst sicher 350 Quadratmeter. Der Boden ist mit dunklen Fliesen ausgelegt, die Wände sind weiß gestrichen. Vor den Fenstern hängen braune Gardinen. Ein bisschen wie im Nahen Osten. Die Tische sind in Hufeisenform aufgestellt, sodass jeder jeden sehen kann. In der Mitte, am Ehrenplatz, sitzen Vickie und ihr Mann. Später erfahre ich, dass man ihnen diesen Platz zugewiesen hat, weil sie Geistliche sind. Die etwa fünfzig Menschen im Raum reden auf Amerikanisch und Samoanisch wild durcheinander. Fünf oder sechs Leute verschwinden immer wieder in der Küche und richten weitere Schalen und Schüsseln auf einem bereits übervollen Buffet an. Einige der Speisen habe ich noch nie gesehen. Wieder ist es Fatima, die uns allen Anwesenden vorstellt. Ich strenge mich an, mir die Namen zu merken, muss aber bald einsehen, dass es unmöglich ist.

Wir werden herzlich begrüßt, und die Kinder finden schnell eine Gruppe gleichaltrige Vettern und Cousinen, mit denen sie reden und spielen können. Alles ist neu und ungewohnt, trotzdem fühlt es sich irgendwie richtig und vertraut an. Obwohl ich keinen dieser Menschen je zuvor getroffen habe, empfinde ich mich bereits als Teil der Familie. Fatima zeigt uns unsere Plätze gleich neben Vickie und ihrem Mann. Onkel Tony wird neben mir platziert. Er hat Hemd und Hut gewechselt und trägt ein großes Kreuz an einer Kette um den Hals. Wieder beeindruckt mich seine Energie, und für einen Moment denke ich, dass ich gerne selbst so wäre, wenn ich alt bin.

Talking chief Tony heißt uns schließlich offiziell willkommen. Er informiert uns, dass zwei der obersten Häuptlinge wegen Krankheit nicht kommen konnten. Onkel Hans, Fagafaga Daniels Vetter, ist krank und derzeit auf Hawaii, weil die Ärzte und die Krankenhäuser dort über bessere Möglichkeiten verfügen. Plötzlich beginnt Tony zu singen, und der Saal stimmt ein. Die Stimmen teilen sich, und das Lied wird zweistimmig, dann dreistimmig. Nach ein paar Strophen erhebt sich Vickies Mann.

»Gott ist groß«, sagt er. »Die ganze Familie wartet seit Monaten auf diesen Tag, der nun endlich gekommen ist. Ein Teil unserer Familie, der weit, weit weg wohnt, ist gekommen, um uns zu besuchen. Dafür danken wir Gott.«

Er lächelt und wirkt in seinem kurzärmeligen Strandhemd gar nicht wie ein Priester. Er heißt mich, Sisse und die Kinder willkommen und bereitet uns darauf vor, dass unsere Tage auf Amerikanisch-Samoa von reichlich Essen geprägt sein werden.

»*Here in Samoa – we eat sa'more*«, sagt er breit lächelnd. »Und danach essen wir noch mehr und mehr und mehr«, fährt er fort.

Das Buffet zeugt davon, dass er wohl die Wahrheit sagt. Aber die Menschen um uns herum sehen nicht aus, als hätten sie Angst vor Kalorien.

Schließlich erhebt sich Vickie, um das Tischgebet zu sprechen. Sie dankt Gott dafür, dass er mich und meine Familie nach Samoa gebracht und uns ein so reiches Essen beschert hat. Sie spricht auf Samoanisch und Englisch und betet dafür, dass wir viel Zeit miteinander verbringen können und meine Kinder und all die samoanischen Cousins und Cousinen enge Bande knüpfen werden, damit auch noch deren Kinder sich derselben Familie zugehörig fühlen. Amen.

Onkel Tony ergreift noch einmal das Wort. Als *talking chief* ist er eine Art Moderator und Repräsentant der gesamten Familie. »Das ist ein historischer Moment«, sagt er. »Wir sind nicht nur zu einem Familienabend versammelt. Johannes ist hier, um ein Buch über Hans Alfred und darüber zu schreiben, wie er hierher nach Samoa gekommen ist. Wir sind dankbar für Johannes' Einsatz und dafür, dass er gemeinsam mit seiner bezaubernden Familie die lange Reise zu uns unternommen hat.«

Ich bin gerührt, wie herzlich all diese lieben Menschen uns empfangen. Alle freuen sich, mehr über ihre Vergangenheit und ihre Wurzeln zu erfahren. Ohne Hans Alfred würde es diese Menschen nicht geben, denke ich.

Damit ist Fatima an der Reihe, noch einmal ihre Freude auszudrücken, dass wir alle hier versammelt sind.

»Und jetzt eröffne ich das Buffet, damit alle essen können, bevor Johannes seine Rede hält.«

Johannes, denke ich. Rede. Ich hätte es wissen müssen, bin aber vollkommen unvorbereitet. Fatima schließt mit den Worten »*We're all here, we're all happy and God is good*«. »Amen«, antworten die Anwesenden und klatschen johlend in die Hände. Sisse und ich werden aufgefordert, uns als Erste am Buffet zu bedienen, was mir nur recht ist, denn mittlerweile habe ich richtig Hunger.

Eine Frau aus der Familie erklärt mir, dass es in Samoa Brauch ist, sich den Teller beim ersten Gang zum Buffet so voll wie möglich zu laden. Sie fürchtet, dass ich nicht genug nehme. Mein Plan, mir später Nachschub zu holen, sei schlecht, sagt sie, denn dann sei nichts mehr da. Ich nehme sie beim Wort und belade meinen Teller mit Fleisch, Fisch und Gemüse, wie ich es noch nie zubereitet gesehen habe. Makrele in Kokosmilch, serviert in einer Kokosschale, im Steinofen gebackene Tarofrucht. Alles schmeckt wunderbar, und ich habe gerade den halben Teller geschafft, als Fatima mich als nächsten Redner ankündigt.

»Ich möchte euch allen auch im Namen von Sisse, Andreas und Emilie ganz herzlich für den wunderbaren Empfang danken, den ihr uns am Flughafen und hier zuteilwerden lasst«, sage ich und beteure, wie viel es uns bedeutet, endlich unsere große samoanische Familie kennenzulernen. Emilie und Andreas sitzen auf der anderen Seite des Hufeisens bei ihren gleichaltrigen Cousins und Cousinen und reden miteinander, als würden sie sich schon ein Leben lang kennen. Ich freue mich von Herzen, meinen Kindern dieses wunderbare Erlebnis ermöglichen zu können. Vielleicht wird ihr Leben dadurch reicher und abenteuerlicher.

Das Essen wird von immer weiteren Reden unterbrochen. Jeder will seine Freude über unser Kommen zum Ausdruck bringen, und wie sehr er Gott dafür dankt. Daniel wird häufig erwähnt, und irgendwie fühlt es sich an, als wäre er bei uns.

Viele Stunden später brechen wir auf, und wieder ist es Filo, der uns zurück zum Hotel bringt. Er lädt uns zu einem Essen bei sich und seiner Familie in ein paar Tagen ein. Dankbar für den schönen Abend und satt von dem fantastischen Essen fallen wir müde von all den Eindrücken ins Bett. Ich bin schon fast eingeschlafen, als das Display meines Handys aufleuchtet.

»Jemand von der Familie holt euch morgen Nachmittag ab«, schreibt Fatima. »Den Morgen habt ihr für euch.« Sie schließt mit einem Herzchen und den Worten »*Alofa atu*«. »*Love you.*«

Gott ist groß

Unser zweiter Tag auf Amerikanisch-Samoa beginnt mit einem Regenschauer, wie ich ihn nie zuvor erlebt habe. Die schmale Straße vor dem Hotel verwandelt sich im Handumdrehen in einen Bach, und in Sekunden ist man bis auf die Knochen nass. Ich bin ein bisschen enttäuscht, denn wenn man schon mal auf einer Insel in der Südsee ist, wünscht man sich natürlich Sonnenschein. Das tropisch heiße Klima ändert sich über das Jahr nur gering. Ist auf der Nordhalbkugel Winter, ist es auf Samoa heiß und feucht, während es in unseren Sommermonaten dort etwas kühler und trockener ist. Was das Wetter zu ignorieren scheint. Ich nutze den Morgen und die Mittagszeit, um mir einen Überblick über die Notizen und Bilder aus unserer ersten Woche auf Samoa zu verschaffen, während der Rest der Familie es sich mit Büchern auf dem überdachten Balkon gemütlich macht und dem prasselnden Regen zuhört.

Am Nachmittag werden wir von Filo und seinem Sohn Toa abgeholt. Sie beruhigen uns, dass die Sonne in ein paar Tagen wieder zum Vorschein kommen wird. Auf meine Frage, wohin wir fahren, sagt Filo, dass sie uns das Jugendprojekt zeigen wollen, das Fatimas Schwester Vickie und ihr Mann Otto leiten. Heute ist die Jahresabschlussfeier mit viel Musik und diversen Vorführungen.

Die Scheibenwischer können kaum etwas gegen das Wasser ausrichten, und die Straße ist kaum vom Meer zu unterscheiden, das wenige Meter links von uns liegt. Aber Filo navigiert sicher durch die engen Kurven. Wenn es nur eine

Straße gibt, kennt man die Strecke vermutlich auswendig, denke ich.

Die Organisation, die Vickie und Otto leiten, heißt Teen Challenge und hat sich vorgenommen, jungen Menschen insbesondere bei Drogenproblemen zu helfen. Wir halten vor einem viereckigen Lagergebäude aus Beton. Drinnen nehmen Fatima und Vickie uns in Empfang, wir können aber kaum miteinander reden, da aus riesigen Boxen extrem laute Musik strömt. Die Lichtshow im Saal erinnert mich an eine der Jugenddiscos, in die ich als Jugendlicher gegangen bin. Wir nehmen in der hintersten Reihe Platz, als die Show beginnt. Neun Kinder in weißen Hemden und roten Fliegen tanzen zu dem Gospelsong »Stomp« von Kirk Franklin.

Gut hundert Jugendliche wiegen sich auf ihren Plastikstühlen im Takt. Es ist schlichtweg unmöglich, sich nicht von der Stimmung mitreißen zu lassen.

»*Jesus, Your love is so, it's so amazing. It gets me high, up to the sky and when I think about Your goodness it makes me want to stomp*«, singt Franklin, während ein Projektor Kapitel 22, Vers 6, aus den Sprüchen Salomos des Alten Testaments auf eine kleine Leinwand links von der Bühne wirft: »Wie man einen Knaben gewöhnt, so lässt er nicht davon, wenn er alt wird.«

Fatima sitzt lächelnd neben Sisse und klatscht und singt mit. Dem ersten Auftritt folgen weitere, und die jungen Menschen beeindrucken mich wirklich. Vickies Sohn Gabriel begleitet viele Gruppen auf einem E-Piano und stellt die Beiträge vor. Alles, was er sagt, handelt von Gott und der christlichen Botschaft, und der Saal antwortet oft mit »Amen« oder »*Praise God*«.

In einer Pause betritt Vickie die Bühne und stellt uns den Anwesenden im Saal vor. Sie erzählt von unserer Reise und sagt, dass wir Teil ihrer Familie sind und dass auch ich, wie viele Samoaner, Musiker bin. Dann bittet sie mich auf die Bühne, um etwas zu spielen.

Wie beim Buffet am Abend zuvor überrumpelt sie mich komplett. Alle klatschen, und ich stehe auf und gehe langsam nach vorn. »Es ist ein Segen, dass du und deine Familie heute hier bei uns seid«, sagt Vickie.

Gabriel nimmt einen E-Bass und fragt mich, was ich spielen will. Bisher sind nur christliche Lieder gespielt worden, womit ich keinerlei Erfahrung habe. Ich bin verunsichert. Aber wir spielen, und es klappt einigermaßen. Sisse umarmt mich, als ich zurück zu unseren Plätzen komme. »Das war gut«, beruhigt sie mich. Sie sieht mir an, dass ich etwas neben mir stehe.

Die Vorstellung endet mit einem alten Gospelsong, den Gabriel gemeinsam mit einer Gruppe Musiker vorträgt. Mein Vetter entpuppt sich dabei als hervorragender Sänger.

»I've gotta clean up what I messed up. I'm starting my life over again.«

Der ganze Saal singt mit, Filo klatscht, während Fatima sich Andreas schnappt und mit ihm tanzt.

Vickies und Ottos Organisation bringt wieder einmal die starke Religiosität zum Ausdruck, die Samoa und Amerikanisch-Samoa prägen. Der christliche Glaube, der im 19. Jahrhundert mit den Missionaren auf die Insel kam, ist inzwischen ein fester Bestandteil von Kultur und Gesellschaft.

Ein paar Tage später frage ich Vickie, warum die Religion ein so wesentlicher Teil der samoanischen Kultur ist.

Vickie erzählt mir, dass die Samoaner im 19. Jahrhundert noch keinerlei Bildung hatten und Familienstreitigkeiten häufig in Gewalt endeten. Dem haben die Missionare einen Riegel vorgeschoben, meint sie und ist überzeugt davon, dass sie damit die ursprüngliche samoanische Kultur vor dem sicheren Untergang bewahrt haben. Der unbedingte Respekt und die Liebe zu Gott, die die Missionare die Einwohner gelehrt hätten, habe gemeinsam mit den starken Familientraditionen die Werte und Familienstrukturen geschaffen, die noch heute die Inseln prägen. Es handele sich im Grunde um eine Mischung aus Kultur und Religion, in der die Arbeit der Missionare überall sichtbar werde. Sie glaubt fest daran, dass Gott die Weichen für ihre Arbeit gestellt hat. Sie hilft Jugendlichen auf den rechten Weg zurück, die mit all dem Schlechten zu kämpfen haben, das der Westen in die Südsee gebracht hat – seien es Drogen, Kriminalität oder der Drang, das Ego vor die Familie zu stellen. Für sie ist es ein Zeichen, dass ihrem Urgroßvater von einem Missionar geholfen wurde.

Teen Challenge ist ein moderner Versuch, die jungen Menschen zurück in ein Leben zu führen, das auf traditionellen samoanischen Werten beruht. Für sie ist Gottes Wort das Bollwerk, das ihre einzigartige Kultur vor allen Bedrohungen bewahrt.

Das Rückgrat der samoanischen Gesellschaft ist die Religion. Geht sie zugrunde, kollabiert auch die Inselgesellschaft, sagt Vickie. Die traditionellen Werte der Familie, die Moral und das Werteverständnis müssen mit eisernem Griff festgehalten werden, andernfalls verlören Samoa und Amerikanisch-Samoa ihre Seele. Dafür ist das Wort Gottes das perfekte Werkzeug. Ich selbst bin skeptisch gegenüber Institutionen, die erwachsenen Menschen vorschreiben, wie sie leben sollen, verstehe aber, wieso die Samoaner in Ermangelung anderer Möglichkeiten auf die Religion bauen, um ihre Kultur zu bewahren.

In den Wochen in Samoa und Amerikanisch-Samoa habe ich ein Volk kennengelernt, das großzügig wie kein anderes ist. Ich habe Liebe und Fürsorge erlebt wie an keinem anderen Ort der Welt. Und ich habe eine Gesellschaft gesehen, in der Kinder, Jugendliche, Eltern und Senioren zusammen leben, arbeiten und feiern. Eine Gesellschaft, die ganz anders strukturiert ist als unsere. Wir haben Institutionen geschaffen, die persönliche Verantwortung und Nächstenliebe der Kommune und dem Staat übertragen, und wir sind bereit, wie die Blöden zu arbeiten, damit die Familienökonomie nicht in Schieflage gerät. Für meine Verwandten in Samoa beginnt und endet alles mit der Familie – und mit Gott. Was man verdient und sich im Leben aufbaut, teilt man mit den anderen. Gott steht an erster Stelle, dann kommen die Eltern. Die Häuptlinge und die Ältesten der Familie treffen die schweren Entscheidungen, ansonsten leistet man seinen Beitrag für die Gemeinschaft, von der man ja selbst ein Teil ist. Ich spüre, wie der kritische, säkulare und immer skeptische Journalist in mir langsam die Deckung sinken lässt und sich dem Gedanken öffnet, dass das vielleicht gar nicht so dumm ist. Auf jeden Fall nicht für Samoa. Als sich Vickie mit »*God bless you*« verabschiedet, bin ich so gerührt, dass ich ihr antworte: »*God bless you too.*« Bis dahin hätte ich nie gedacht, dass mir dieser Satz je über die Lippen kommen würde.

Großvater

D ie Tage und Wochen vergehen, und wir bekommen eine immer engere Beziehung zu unserer neuen, großen Familie. Die Gastfreundschaft kennt keine Grenzen, ebenso die Menge an Essen und langen und intensiven Gesprächen. Sisse, die Kinder und ich befinden uns auf einer echten Entdeckungsreise, die unsere Familie für immer verändern und uns die Augen für neue Lebensweisen öffnen wird.

Fatima und Tricia haben mit der Organisation unseres Aufenthalts einen Riesenjob geleistet, ausnahmslos alle Familienmitglieder bekommen einen Nachmittag mit uns. Es sind gemeinsame Strandtage eingeplant, bei denen 20 bis 30 Familienmitglieder alle nur erdenklichen Gerichte mitbringen, die wir zwischen dem Baden und einem spontan organisierten Beachvolleyballturnier zu uns nehmen. Wir machen Ausflüge auf die andere Seite der Insel, wo wir durch den Dschungel wandern und die Kinder endlich auf der Ladefläche von Filos Truck mitfahren dürfen. Wir werden sogar eingeladen, den Gouverneur und seine Frau in ihrem Amtssitz zu besuchen.

Die Erlebnisse folgen dicht auf dicht. Jeder will uns seine Version der Familiengeschichte erzählen, und alle sind neugierig auf meine Recherchen über die Verbindung nach Dänemark. Viele haben Ahnenforschung betrieben, aber niemand hat bisher die einzelnen Stränge der Familienvergangenheit zusammengefasst, die uns alle verbindet. In diesem Geist finden alle Aktivitäten statt. Auch der Abend, zu dem Filo uns nach einer Woche auf der Insel einlädt.

Filo ist sechs Jahre älter als ich und ehemaliger Soldat der amerikanischen Luftwaffe. Nach dem Militär ist er zurück nach Samoa gezogen. Da es auf der Insel nur begrenzte Ausbildungs- und Karrieremöglichkeiten gibt, gehen viele Einheimische zum Militär. Amerikanisch-Samoa stellt deshalb im Verhältnis zur Einwohnerzahl die meisten Rekruten in den USA. Filo will seine Zeit beim Militär nicht missen, ist aber trotzdem zu seinen Wurzeln zurückgekehrt und wohnt heute in dem Haus, in dem er aufgewachsen ist. Es liegt am Hang etwas außerhalb von Pago Pago mit Aussicht über die Bucht. Überall wachsen Palmen und exotisches Buschwerk, und als wir über die unebenen Schotterstraßen nach oben fahren, verstehe ich, warum er diesen gigantischen Truck fährt.

Filos Haus ist bescheiden, aber sehr gemütlich. Als wir ankommen, sitzen bereits viele Familienmitglieder zusammen.

Wir bekommen ein Bier in die Hand gedrückt, und ich setze mich auf eine gefliste Bank auf der Terrasse, mit Aussicht über das Meer und die Bucht. Überall spielen kleine Kinder, und mir wird ein wenig schwer ums Herz, als Filo sagt, wie schade es sei, dass sein Vater nun nicht dabei sein kann. Er habe sich so darauf gefreut, uns zu treffen. Wie Fagafaga Daniel ist Hans einer der obersten Häuptlinge der Familie. Hans, dessen voller Name Hans Alfred Langkilde III. lautet, ist Daniels Vetter, und natürlich haben die beiden über Daniels und meine Begegnung in Philadelphia und unsere bevorstehende Reise gesprochen. »Und ebenso schade ist es, dass Mutter heute Abend nicht dabei ist«, sagt Filo. »Sie liegt hier«, sagt er und zeigt lächelnd auf die Fliesen, auf denen wir sitzen.

Ich entschuldige mich etwas betreten, bekomme aber erklärt, dass das Grab der Mutter auf der Terrasse als Bank genutzt wird, damit sie weiterhin im Kreis der Familie sein kann.

Ich erzähle Filo, dass es in Dänemark undenkbar ist, ein Grab zu betreten oder sich auf einen Grabstein zu setzen, um ein Bier zu trinken.

»Wir respektieren die Toten und ihre Gräber in hohem Maße«, erklärt Filo. »Nur eben anders. Wenn ich auf der Terrasse auf Mutters Grab treten muss, entschuldige ich mich und sage, dass ich mal kurz vorbeimuss. Es ist, als würde ich jemanden in einem Laden treffen. Wir versuchen, unsere Toten am Leben zu erhalten, indem wir ihnen einen Platz geben, an dem wir jeden Tag vorbeikommen. Wir haben nicht viele Friedhöfe auf Samoa, die meisten Verstorbenen werden zu Hause oder auf einem Familienfriedhof beerdigt.«

Die Gräber haben aber auch eine strategische Bedeutung. So ist ein Stück Land in Filos Nähe Grund für einen Familienzwist, weil Mieter eines Grundstücks ihre Toten im Garten begraben und dann formell Anspruch auf das Land erhoben hatten.

»Wie geht ihr rechtlich mit solchen Streitigkeiten um?«, frage ich Filo. »Ich meine, auf der einen Seite habt ihr eure Kultur mit Häuptlingen, Familien- und Dorfräten. Sie haben die Autorität und die Macht, um über gewisse Aspekte des Lebens zu bestimmen, während es parallel ein Rechtssystem mit Geschworenen und Richtern gibt, wie wir es aus den USA kennen.«

Als ersten Schritt, erklärt Filo mir, versucht man, den Streit innerhalb der Familie zu schlichten. Allenfalls in einem *fono* gemeinsam mit anderen Familien. Auf diese Weise können kleinere Diebstähle, Nötigungen und Beleidigungen meistens schon geregelt werden. Aber auch größere, weitreichendere Konflikte über Grundbesitz und Eigentum werden häufig mithilfe dieser Räte beigelegt. Ernstere Angelegenheiten wie Gewaltverbrechen, schwerer Diebstahl, Fahrerflucht und Mord werden direkt an die Polizei und damit das offizielle

Rechtswesen übergeben. Kann ein Streit weder durch die Familien noch durch ein *fono* geschlichtet werden, wird die Sache an eine Stelle für samoanische Angelegenheiten in der Lokalregierung übertragen. Sie ist ein Bindeglied zwischen dem kulturell verankerten *fono* und der formellen Regierung, repräsentiert durch einen Gouverneur, wie wir es aus den USA kennen.

Die Probleme, die die Nachbarfamilie mit ihren Mietern hatte, wurden schließlich der offiziellen Gerichtsbarkeit übergeben. Die Mieter haben das Verfahren verloren und mussten ihre Toten schließlich ausgraben und wegziehen.

Es ist nicht ungewöhnlich, dass Tote ausgegraben und an anderer Stelle wieder beerdigt werden. Filos Mutter wird vermutlich auch umziehen müssen, wenn sein Vater Hans eines Tages stirbt, damit sie zusammen an einem Ort auf dem Grundstück beerdigt werden können, wo es etwas mehr Platz gibt.

Wie anders die Beziehung der Samoaner zu ihren Toten ist, wird mir klar, als Filo mir von seinem Großvater Joseph Victor Langkilde erzählt – einem Enkel von Hans Alfred und Melipa –, der zuerst auf traditionelle Weise begraben wurde. Doch als Filos Großmutter starb, beschloss die Familie, die beiden in einem Grab zu vereinen.

»Sie haben die Knochen ausgegraben, gereinigt und mit einem samoanischen Öl eingerieben«, erzählt er. »Doch noch während der Beerdigung von Großmutter haben Vater und seine Geschwister entschieden, Großvater erst einmal auf eine Reise zu schicken.«

Joseph Victors Knochen zirkulierten in der Folge zwischen seinen Kindern, damit alle noch einmal die Gelegenheit bekamen, Zeit mit ihm zu verbringen. Filo erinnert sich noch, wie sein Vater mit den in eine handgeflochtene Matte eingeschlagenen Knochen durchs Haus lief und über alte Zeiten sprach wie mit einem Familienmitglied, das man lange nicht gesehen hat.

»Ich war total geschockt und fand das äußerst merkwürdig. Es war das erste Mal, dass ich mit dieser Tradition konfrontiert wurde. Mein Vater redete mit den Knochen, als wäre mein Großvater noch am Leben. Als wir ins Bett gehen wollten, hat er vorgeschlagen, unsere Matratzen ins Wohnzimmer zu räumen, um mit Großvater zusammen sein zu können. Ich konnte mich nicht recht für diese Idee begeistern, aber wir taten es trotzdem. Ich habe die ganze Nacht damit gerechnet, seinen Geist durch den Raum schweben zu sehen.« Filo lacht, er spricht aber trotzdem voller Wärme über diese Erinnerung. »Irgendwann in der Nacht bin ich zurück in mein Zimmer gegangen, weil mir die Sache zu schräg war. Aus meinem Zimmer habe ich dann gehört, wie Vater und Großvater miteinander geredet haben. Das werde ich nie vergessen.«

Ich war in meinem Leben schon auf vielen Festen, aber keins davon war wie dieses. Unsere Gespräche über Leben und Tod, Bier, Beerdigungen, Liebe, Essen, Trauer und Freude verschmelzen zu einem Gefühl der Ruhe und Zugehörigkeit zu den Menschen um mich herum. Meine Kinder spielen mit ihren gleichaltrigen Vettern und Cousinen, und wenn sie an uns vorbeilaufen, rufen sie jedes Mal lachend »*Hi again, uncle*«.

Sisse sitzt auf einem Plastikstuhl in einer Ecke der großen Terrasse und lacht zusammen mit Fatima und Vickie, und in der Bucht schimmern die Lichter der Schiffe. Irgendwann bedanke ich mich freundlich bei Filos Mutter für den angenehmen Sitzplatz, gehe zu Sisse und nehme ihre Hand. Ich will ihr erzählen, was Filo gesagt hat. Aber das muss noch warten, denn einer meiner Vettern drückt mir ein eiskaltes Bier in die Hand mit den Worten »*You look like you need a cold beer, cuz*«. Womit er vollkommen recht hat.

Häuptling Daniel

Überall in Amerikanisch-Samoa wird voller Wärme über Fagafaga Daniel gesprochen. Es ist fast so, als weilte er noch immer unter uns. Das habe ich schon bei unserem Empfang gespürt.

Ich hatte selbst das Glück, Daniels Persönlichkeit und sein Charisma erleben zu dürfen, und kann mir vorstellen, welch große Bedeutung er nicht nur für die Familie, sondern für die ganze Gesellschaft hatte.

In Amerikanisch-Samoa kennt man die Langkilde-Familie als sozial und offen. Viele Mitglieder der Familie arbeiten in den Medien, andere sind Musiker, und wieder andere engagieren sich in Wohltätigkeitsprojekten.

Fatima ist keine Ausnahme. Sie hat eine wöchentliche Talkshow beim Inselsender KVZK, in der sie mit ihren Gästen über Alltagsthemen sowie Gesundheits- und Gesellschaftsfragen diskutiert. Viele bezeichnen sie als Samoas Oprah, was in vielerlei Hinsicht auch zutrifft. In ihrer Jugend, 1969, wurde sie zur Miss American Samoa gekürt, worauf sie noch heute mit Recht stolz ist.

Es irritiert Fatima Langkilde, wenn ich über Juliet, Theresa und Fatima aus Samoa spreche, und sie bittet mich, sie einfach Pretty Tima zu nennen, was ich gerne tue. Die Menschen lieben sie für ihre Lebensfreude und ihren mitreißenden Charakter, und diese Aufgeschlossenheit findet sich auch bei vielen anderen aus meiner samoanischen Familie. Auch Onkel Tony ist der geborene Entertainer und singt sentimentale Frank-Sinatra-Songs, sobald sich eine Gelegenheit bietet.

Daniel war ein bekannter Entertainer und über viele Jahre hinweg ein erfolgreicher Geschäftsmann und eine der treibenden Kräfte hinter der Mobiltelefongesellschaft Bluesky, die heute alle samoanischen Inseln mit ihrem Netz versorgt. Er war Direktor des Regierungsbüros für *public affairs,* hat den nationalen Fernsehsender modernisiert und neue, junge Mitarbeiter an Bord geholt.

Am bekanntesten ist Daniel aber für seine beeindruckende Persönlichkeit, als Musiker und Sänger mit fantastischer Stimme, der sogar eine CD aufgenommen hat, als Moderator bei großen Veranstaltungen, als treibende Kraft hinter dem Jazz- und Kunstfestival und als Mensch, der kraft seines Amtes als Häuptling und seiner Persönlichkeit häufig um Rat gefragt wurde und stets hilfsbereit war.

Mittlerweile verstehe ich, warum ich mich instinktiv von ihm angezogen gefühlt habe. Ich bewundere Menschen seiner Art aus vollem Herzen.

Daniel war nicht der Einzige in der Langkildefamilie, der für diese Eigenschaften bekannt war. Aber er ist noch immer derjenige, an den man sich am besten erinnert. Er war die oberste Instanz der Familie, eine feste Anlaufstelle, der sich stets für den Schutz der anderen eingesetzt hat.

Ich setze mich mit Fatima und Tony zusammen, um mehr über Daniel zu erfahren, den ich gerne persönlich wiedergesehen hätte, um ihn besser kennenzulernen.

Fagafaga war Daniels Häuptlingstitel, erzählt Fatima. Er war der *talking chief* der Familie.

»Fagafaga war ein begnadeter Redner«, fährt sie fort. »Er wusste wie kaum ein Zweiter, seine Worte zu setzen. Sowohl auf Englisch als auch auf Samoanisch. Sein warmer, tiefer Bariton war einzigartig.«

Deshalb war er auch das Oberhaupt der Familie. Der Hauptverantwortliche für die Planung von Familienzusammenkünften, von Bestattungen und für den Kontakt mit anderen Familienräten.

Die Langkilde-Familie hat einen *high chief* mit Namen Joe Langkilde, den wir leider verpasst haben, und auch Filos Vater, Hans, nimmt als Häuptling einen hohen Rang ein. Trotzdem präsentierte Daniel nach außen die Familie.

»Die Langkildes in Amerikanisch-Samoa bringen die Menschen zusammen«, sagt Tony. »Das war sozusagen Daniels größte Stärke. Und jetzt hat er uns zusammengebracht.«

Chico

Nach ein paar Tagen mit gutem Wetter kommt der Regen kurz, aber kräftig zurück und setzt die schmalen Straßen erneut unter Wasser. An den Hängen fließt der Schlamm herab. Die Samoaner hält das aber nicht vom Feiern ab. Tony lädt mich ein, mit ihm zu einem Treffen zu gehen, während Sisse und die Kinder im Hotel ein wohlverdientes Nickerchen einlegen.

Auf dem Weg erzählt er mir, dass wir zu einer Gedenkfeier für einen der großen Musiker der Insel fahren, der vor einem Jahr im Alter von 58 Jahren gestorben ist. Siuleo Chico Puoesi – bekannt als Chico. Er und seine Familie waren enge Freunde der Langkilde-Familie, da Chico häufig mit Fagafaga Daniel und Filos Vater Hans Musik gemacht hat. Die Gedenkfeier wird nach samoanischem Brauch von der Familie des Verstorbenen ausgerichtet. Tony als Repräsentant der Langkildes will mir zeigen, wie eine solche Gedenkfeier vonstattengeht.

Nach circa zwanzig Minuten Fahrt parken wir den Wagen vor einem kleinen grünen Haus mit weißen Fenstern. Ich bin gespannt, denn ich weiß nicht, was mich erwartet. Es ist mir unangenehm, dass ich der Familie nichts mitgebracht habe. *»Don't worry about it«*, sagt Tony und steigt aus dem Auto. Auch er hat keine Geschenke dabei.

Vor dem Haus stehen Gestecke aus türkisfarbenen und gelben Plastikblumen auf Plastikstühlen vor einem Blechdach über einem großen, viereckigen Betonklotz, der mit einer Art Badezimmerfliesen verkleidet ist. Über dem Klotz ist eine türkise Decke ausgebreitet, die mit weiteren Plastikblumen geschmückt ist. »Heute wird Chicos Grab eingeweiht«, erklärt Tony mir. Als Schutz vor dem Regen ist ein großes, blaues Zelt errichtet worden. Auf einigen Tischen stapeln sich die Geschenke, und wieder bekomme ich ein schlechtes Gewissen, mit leeren Händen gekommen zu sein.

»*Don't worry*«, sagt Tony noch einmal. Am hinteren Ende des blauen Zelts hängt ein riesiges Banner mit Chicos Bild und seinem Namen. Um das Banner herum hängen bunte Laternen und Ballons. Darunter stehen Musikinstrumente: ein Schlagzeug, Keyboard, Bass und Gitarre. Die Deko erinnert an eine Hochzeit im Nahen Osten.

Dann beginnt die Zeremonie, und Tony und ich begeben uns zurück zum Grabmonument, um das sich die Anwesenden versammeln. Sie begrüßen sich feierlich, und auch ich werde sehr freundlich aufgenommen. Ein großer, junger Mann mit langem, schwarzem Bart, grüner Hose und schwarzem T-Shirt steht auf, und eine junge Frau mit leuchtend orangen Haaren, schwarzem T-Shirt und traditionellem samoanischem Lava-Lava nimmt die Gitarre. Sie beginnen zu singen. Die Musik ist fantastisch. Alle Veranstaltungen scheinen hier von Musik begleitet zu werden, und immer treten richtig gute Musiker auf, in diesem Fall Nachbarn von Chicos Familie. Nach den Musikern tritt ein Priester an ein grünes Gestell, das wohl als Kanzel dient. Der kräftige Mann trägt einen weißen Blazer, ein weißes Hemd und einen goldenen Schlips. Er hält eine lange Rede auf Samoanisch und zieht anschließend das Tuch von dem Betonklotz, sodass man das ganze Monument sieht.

Nach der Zeremonie wird gefeiert. Chicos Tochter wirft einen Blick auf die zahlreichen Geschenke, während sein Sohn zum Mikrofon greift. Tony übersetzt mir seine samoanische Ansprache. »Es geht um die Geschenke«, sagt er und versetzt mir damit erneut einen Stich. Dann nimmt die Tochter einen großen Korb mit Essen und samoanischen Spezialitäten und läuft durch das Zelt. Sie geht an Tony und mir vorbei und reicht den Korb zwei jungen Männern, die ihn sofort ins Nachbarhaus bringen. Wieder frage ich Tony, was das bedeutet. »*We're getting gifts*«, sagt er. Erst jetzt wird mir klar, dass wir es sind, die Geschenke bekommen sollen. Der Korb für die beiden Männer war ein Dankeschön für das schöne Lied. Die Tochter holt weitere Geschenke. Samoanischen Stoff, Blumenkränze und weitere Geschenkkörbe, während Chicos Sohn verkündet, wer die Geschenke bekommen soll und warum.

In Samoa bedankt man sich bei der Gedenkfeier bei den Menschen, die dem Verstorbenen wichtig waren. Bei der Trauerfeier vor einem Jahr war es umgekehrt, da haben die Freunde der Familie Geschenke gebracht. Die Tochter kommt auch zu unserem Tisch, und Tony erhält einen schönen Stoff und einen Blumenkranz. Auch mir legt sie einen Kranz um. Während ich das Gefühl habe, mich entschuldigen zu müssen, weil ich mich in eine private Zeremonie gedrängt habe, bedanken sie sich auch noch bei mir, weil ich Chicos Andenken bewahre und ihn damit am Leben halte. Das Ganze ist einfach nur rührend.

Nach der Verteilung der Geschenke steht Tony auf, um eine Rede zu halten. Als *talking chief* wird das von ihm erwartet.

Die Leute im Zelt lachen immer wieder über Tonys Worte. Er ist amüsant und warmherzig, wird der feierlichen Stimmung dabei aber voll und ganz gerecht. Wäre Daniel noch am Leben, hätte er die Rede gehalten, aber Tony macht einen guten Job als sein Nachfolger.

Nach der Rede kommt die Tochter erneut an unseren Tisch und drückt Tony ohne ein Wort einen 20-Dollar-Schein in die Hand, den er ganz selbstverständlich in die Tasche seines bunten Hemdes steckt.

»Wofür ist denn das?«, frage ich.

»Sie bedankt sich für die Rede«, antwortet Tony.

Als *high chief* hätte Tony deutlich mehr erhalten.

»Aber ich bin ja nur *junior*«, sagt er grinsend.

Der Brauch entspricht dem, den wir in Falese'ela miterlebt hatten, als wir dem Häuptling Brot, Butter und Geld als Bezahlung für seine Zeit und seinen Einsatz mitgebracht hatten. In früheren Zeiten hätte die Tochter Tony sicher ein Huhn oder einen Korb mit Fischen gereicht.

Die Häuptlinge können auf diese Weise etwas Geld dazuverdienen, wobei von ihnen erwartet wird, dass sie diese Erträge für die Familie nutzen. Leider klappt das nicht immer, Filo hat mir beispielsweise erzählt, dass einige Häuptlinge ihr Geld für zwielichtige Zwecke ausgeben. Natürlich nicht in unserer Familie, hatte er rasch hinzugefügt. Das glaube ich ihm gern, denn ich habe Tony als extrem großzügigen Menschen erlebt und zweifle nicht daran, dass das Geld an die Familie fließt.

Während wir miteinander sprechen, nehmen drei ältere Männer an den Instrumenten Platz und spielen Jazz. Alte Motown- und Croonersongs. Am Schlagzeug sitzt Chicos Sohn. Tony ist sichtlich unruhig und wartet nur darauf, die Bühne zu besteigen.

Zwischen zwei Liedern läuft er nach vorn und nimmt das Mikro. Er lächelt schelmisch, als er mit Mütze, Sonnenbrille, Blumenkranz und offenem Hemd zu singen beginnt, und ich denke, wie fantastisch es sein muss, auf dieser Insel alt zu werden. Tony singt »I Wish You Love«, ein Song, der in der Fassung von Nat King Cole unsterblich wurde, und lässt Chicos Witwe nicht aus den Augen. Die Menschen im Zelt sind begeistert.

Tony freut sich sichtlich über mein Lob für seinen Auftritt. Schließlich ist er ein Langkilde.

Dann kommt das Essen, auf das ich schon gewartet hatte. Die Tochter trägt große, runde Plastikschalen mit durchsichtigem Deckel herein, wie wir sie aus Take-away-Sushibars kennen.

Jeder bekommt eine Schale vollgeladen mit Garnelen, *ahi poke* (Thunfisch mit süßer Sesamsauce), weißem Fisch mit Kokosmilch, Tarofrucht, Hühnchen und Reis. Ich bin ziemlich hungrig und entferne den Deckel, bemerke dann aber, dass ich der Einzige bin. Nach einer Weile frage ich Tony, wann wir denn essen dürfen, aber er sagt mir, das Essen sei nicht für jetzt, sondern ein weiteres Gastgeschenk, das wir mit nach Hause nehmen sollen. Auch auf diese samoanische Sitte war ich nicht vorbereitet.

Ich denke oft an die Zeremonie für Chico. Die vielen Erlebnisse auf Samoa und Amerikanisch-Samoa haben meine Einstellung zum Leben und mein Werteverständnis verändert. Auf eine dänische Beerdigung folgt in der Regel ein Leichenschmaus, bei dem man nach dem traurigen Erlebnis in der Kirche noch eine Weile zusammenbleibt, um die Gedanken zu sammeln. Die Stimmung ist meistens etwas weniger bedrückend als in der Kirche, und vermutlich lächeln oder lachen wir auch mal, wenn wir uns an den Menschen erinnern, der von uns gegangen ist. In der samoanischen Kultur erstreckt sich der Zeitraum des Abschiednehmens über viel längere Zeit.

Fatima, Tony und all die anderen, mit denen ich über Daniel gesprochen habe, haben dabei im Präsens über ihn geredet, als wäre er noch am Leben. Sie haben noch nicht endgültig von ihm Abschied genommen und sagen selbst, dass das wohl Jahre dauern wird. Das Fest für Chico war auch ein Fest für die Freundschaft und die Verbindungen, die Chico in seinem Leben geknüpft hat, und für die Werte, die er gemeinsam mit seinen Freunden und der Familie verkörpert hat. Die Angehörigen haben reichlich Zeit zum Abschiednehmen. Die Menschen feiern, dass Chico vor dem Haus eine schöne Aussicht hat und sie ihn jeden Tag besuchen oder mit ihm sprechen können, und sie feiern alles Gute in Chicos Leben und die Freundschaften, für die er der Katalysator war.

Sollte ich Pech haben und zu früh das Zeitliche segnen, wünsche ich mir, dass meine Freunde und meine Familie mich auf diese Weise verabschieden. Mir ist klar, dass sie anfangs voll Trauer sein werden, aber wenn sich nach einem Jahr alle meine Freunde und die Familie im Garten versammeln, soll eine Band guten Jazz spielen und jemand den Grill anschmeißen. Und schließlich soll jeder mit einem Exemplar dieses Buches nach Hause geschickt werden. Ich lächle ihnen dann von unten – oder von oben – zu, je nachdem, wo ich lande. Auf das Monument im Vorgarten verzichte ich aber gerne.

Kirchenzeit

E s ist Sonntagmorgen. Wir sind schon ein paar Wochen auf Amerikanisch-Samoa, sind kreuz und quer über die Insel gefahren und haben zahlreiche Ausflüge, Wanderungen und Besuche bei unserer samoanischen Familie hinter uns. Langsam wird es Zeit, sich dem Gedanken zu stellen, dass das kleine Flugzeug uns bald wieder zurück nach Samoa bringen wird und es von dort zurück nach Dänemark geht.

Der Sonntag ist Kirchentag, und wer nicht krank oder tot ist, geht am Morgen und vielleicht sogar auch noch mal am Nachmittag in die Kirche. Während wir darauf warten, von Fatima abgeholt zu werden, frage ich mich besorgt, ob es allen gut geht, da am Abend zuvor mehr als genug getrunken wurde.

Aber Fatima ist topfit, als sie aus ihrem roten SUV steigt. Sie trägt ein langes, braunes Kleid, goldene Ohrringe und eine große Kette aus Muschelschalen. Ihr Lippenstift leuchtet knallrot, und ihre Haare sind perfekt hochgesteckt.

Wir sind auf dem Weg zu dem kleinen Dorf Leloaloa außerhalb von Pago Pago. Dort hatte sich Fatimas und Tonys Großvater Victor Langkilde, der Sohn von Hans Alfred und Melipa, niedergelassen, als er Anfang des 20. Jahrhunderts nach Amerikanisch-Samoa gekommen war. Victor war eine treibende Kraft bei dem Bau der beeindruckenden, weißen Kirche, die noch heute der ganze Stolz der Gemeinde ist. Das Grab von Victor und seiner Frau liegt auf dem Grund der Kirche. Victors Frau Otila Faumuina Langkilde entstammte einer Familie mit großem Grundbesitz. Ihre Familie schenkte dem Dorf die Fläche, auf der heute die Kirche steht, weshalb sie große Bedeutung für die Familie hat. Victor und Otila waren bekannt als energische, arbeitsame Menschen, und dasselbe galt für ihre Kinder.

Fatima hat oft gesagt, dass ich sie ein bisschen an ihren Vater erinnere, und auf einem Foto, das sie mir zeigt, erkenne auch ich die Ähnlichkeit. Auf der Fahrt erzählt sie von ihrem Vater, Joseph Victor. Er war ein wichtiger Mann für Amerikanisch-Samoa, da er als Bindeglied zwischen den traditionellen Häuptlingen und dem neuen politischen System der Amerikaner fungierte. Er hat im Lauf seines Lebens mehrere Unternehmen gegründet und war auch in der Luft- und Schifffahrt aktiv. Gemeinsam mit seinen Brüdern eröffnete er überdies eine Tankstellenkette mit dem Namen Langkilde Service Station. Leloaloa war damit so etwas wie der Ausgangspunkt für die heute auf Amerikanisch-Samoa weit verzweigte Langkilde-Familie.

Fatima parkt vor der Kirche, die für samoanische Verhältnisse gut in Schuss ist. Meine Cousine treibt uns zur Eile, denn im Haus Gottes darf man nicht zu spät kommen.

Wir tragen unsere besten Sachen. Sisse trägt ein weißes Kleid mit aufgestickten Blumen und hat sich dazu ein lila Halstuch umgebunden, das sie von Fatima bekommen hat. Emilie trägt ein traditionelles, samoanisches Kleid mit blauen Blumen, und Andreas hat sich unter Protest in ein weißes Hemd gezwängt. Ich trage zum ersten Mal seit Beginn unserer Reise eine lange Hose und ein weißes Hemd. Drinnen treffen wir Tony, der mit seinem hellblauen Lava-Lava, einem passenden Hemd und einer Halskette aus polierten Kokosschalen, die nur den Häuptlingen vorbehalten ist, deutlich legerer gekleidet ist. Er sieht cool aus, wobei ihm der feuchtfröhliche Abend etwas anzusehen ist.

Wir setzen uns auf eine Holzbank in dem weiß-blauen Kirchenraum. Viele Gäste wirken ziemlich benommen, als hätten sie am Abend zuvor zu tief ins Glas geblickt.

Die Tür der Sakristei öffnet sich, und der Priester und sein Gefolge kommen herein, angeführt von einem Messdiener mit großem Goldkreuz und einer kleinen Frau, die die Bibel auf ausgestreckten Armen vor sich herträgt.

Mit einem Mal kommt Leben in den müden Haufen in den Kirchenbänken. Die Menschen springen auf und beginnen zu singen. Ich war schon in vielen Gottesdiensten an den verschiedensten Orten der Welt und habe sehr unterschiedliche Kirchenmusik gehört, aber was wir hier erleben, stellt alles in den Schatten. Der vierstimmige Gesang ist überwältigend. Ein kräftiger Mann mit kurzen Haaren, schwarzem Kinnbart und einem Poloshirt in mindestens XXXL-Größe singt mit dem wärmsten Bass, den ich je gehört habe.

Fatima flüstert mir zu, dass fast das ganze Dorf in diesem Chor mitwirkt.

Von der Predigt des Pastors verstehe ich nicht viel, bis er das Wort Langkilde sagt. Er redet auf Englisch weiter und erzählt, dass meine Familie und ich hierhergekommen sind, um die Geschichte des Landes und unserer Familie zu studieren, und dass Victor und viele andere Familienmitglieder treue Stützen der Kirche gewesen seien und sind. Und dann kommt er schließlich zu der Bankreihe, in der wir sitzen, legt uns lila-weiße Blütenkränze um den Hals und bedankt sich dafür, dass uns die Familienbande so wichtig sind, dass wir dafür diesen weiten Weg auf uns genommen haben.

Tony klärt uns auf, dass die Ketten, die der Pastor uns umlegt, nicht nur ein Zeichen der Freundschaft, sondern eine besondere Ehre sind, da sie vorher geweiht wurden. Und wieder bin ich ganz gerührt von dieser feierlich kirchlichen Symbolik, die eine innige Dankbarkeit und Zusammengehörigkeit über Generationen hinweg ausdrückt. Weil Victor Langkilde und dessen Kinder so wichtig für Leloaloa und die Entstehung der dortigen Kirche waren, ist unser Besuch in einem größeren Kontext zu sehen.

»Die Blumenkränze vom Pastor sind eine Ehre für euch, wie es eine Ehre für ihn ist, dass ihr gekommen seid«, erklärt Tony.

Es folgen noch mehr Musik und Gesang. Deutlich wird dabei, wie sehr auch die samoanische Musik von der Geschichte der Inseln geprägt wurde. Ursprünglich handelte es sich bei der polynesischen und damit auch der samoanischen Musik um einfache Lieder über den Alltag und das Leben, die Arbeit, die Liebe und den Tod. Einfache Harmonien und lyrische Melodien, aber auch kräftige Rhythmen gehörten dazu, und verschiedene Trommeln begleiteten den Gesang. Die Missionare brachten im 18. und 19. Jahrhundert eine neue Kultur auf die Inseln, die leicht mit der samoanischen zu kombinieren war. Den Einfluss auf die Musik hört man besonders an den Kirchenliedern. Die traditionellen westlichen Psalmen, der weiche samoanische Gesang und der diskrete Calypso-Rhythmus des Keyboards bilden zusammen eine Polyfonie, die mir an diesem Sonntagmorgen unheimlich schön erscheint.

Nach der Messe versammeln wir uns vor der Kirche. Fatima und Tony bedanken sich respektvoll beim Pastor für den Gottesdienst.

Bevor wir Leloaloa verlassen, führen Tony und Fatima uns hinter die Kirche zu einem kleinen Friedhof mit nur wenigen Grabsteinen. Der auffälligste Stein markiert das Grab von Victor Langkilde, ihrem Großvater. Als er mit nur 38 Jahren an zu hohem Blutdruck starb, entschied die Kirche, ihn wegen seines großen Beitrags für die kleine Gemeinde auf dem Friedhof der Kirche zu bestatten.

»Wolltet ihr ihn und seine Frau nicht lieber auf dem Grund

und Boden der Langkildes beerdigen?«, frage ich, aber Tony sagt, es sei eine große Ehre, als einer der wenigen in geweihter Erde ruhen zu dürfen, weshalb das nie eine Frage war.

Auf dem Rückweg sage ich zu Sisse, dass die unvergesslichen Eindrücke, die wir auf dieser Reise sammeln durften, alles übersteigen, was ich mir erträumt hatte. Die Kirche, in der wir gerade waren, würde ohne den Beitrag von Hans Alfreds Sohn vielleicht gar nicht existieren.

Als ich an diesem Abend einschlafe, werden die Stimmen, die ich im Traum höre, zu einer sanften, samoanischen Melodie.

Der Zugereiste

Hans Alfred hielt seinen besorgten Vater über die Unruhen auf Upolu auf dem Laufenden und lehnte jedes Mal dankend ab, wenn er ihm vorschlug, sich in Dänemark in Sicherheit zu bringen. Als Däne hatte er nicht das Gefühl, dass er in dem Konflikt Partei ergreifen müsse.

Die Unruhen waren abgeklungen, das Geschäft war stabil, und die Briefe nach Fünen konnten wieder mit alltäglichen Begebenheiten und neuen Geschichten von den Inseln gefüllt werden. Hans Alfred berichtete, dass im Dezember 1889 ein Schoner namens »Equator« in Apia eingelaufen war. An Bord war der weltberühmte Autor Robert Louis Stevenson, der seinen Durchbruch mit dem Roman *Die Schatzinsel* gehabt hatte.

Zusammen mit seiner Frau Fanny und ihren zwei Kindern befand er sich auf einer Reise in der Südsee, wo er Inspiration und Material für ein anthropologisches Buch über die Gegend sammelte. Das Schiff kam direkt aus Hawaii, wo ein Freund sie mit einem amerikanischen Geschäftsmann in Apia in Verbindung gesetzt hatte, bei dem die Familie einquartiert wurde.

Robert Louis Stevenson war gesundheitlich angeschlagen, das tropische Klima tat seinen schwachen Lungen gut. Er hatte schon viele Inseln besucht und war generell von der Südsee begeistert, doch Samoa gefiel ihm am besten. Der Kontakt zu den Bewohnern war einfach und unbeschwert, und der Hafen von Apia war ein Knotenpunkt für die steigende Zahl an Handelsschiffen, die die Walfänger immer mehr ablösten und Waren aus aller Welt importierten und exportierten.

Priorität für Stevenson hatte aber das reibungslos funktionierende Postwesen, um Kontakt mit Freunden, Familie, Zeitungen, Redakteuren und Verlegern in ganz Europa zu halten. Nach kurzer Zeit beschlossen er und Fanny, sich in Samoa niederzulassen.

Hans Alfred kannte den Autor nicht, verfolgte aber interessiert die Gespräche über den prominenten Zugereisten, der ein Stück Land am Fuß des Berges Vaea gekauft hatte und dort eine große Villa bauen ließ. Das neue Heim der Familie Stevenson hatte zwei Etagen und hieß »Vailima«, was »Wasser in der Hand« bedeutet und sich auf eine alte samoanische Sage bezieht.

Hans Alfred fand die Villa ein wenig prätentiös und machte sich über das Aufsehen lustig, das der Autor erregte. Er wunderte sich, wie ein so schmächtiger und dem Vernehmen nach schwächlicher Mann so viel Einfluss haben konnte, doch mit der Zeit stieg sein Respekt vor ihm.

Stevenson mischte sich in die Politik ein. Er achtete die Würde und Rechte der Samoaner und bedachte den Kolonialismus und Imperialismus mit kritischen Blicken. Er wollte nicht länger nur Romane schreiben, sondern seine Stimme für eine bessere Welt erheben.

Der berühmte Schriftsteller schickte regelmäßig Artikel und Essays aus Samoa, doch die Reaktionen aus seiner Heimat waren enttäuschend. Die dortigen Leser wollten nichts von der Politik und Unterdrückung in der fernen Südsee wissen, sie wollten Drama, Abenteuer und fiktive Erzählungen, wie sie es von Stevenson gewohnt waren.

Hans Alfred verglich sich mit Stevenson, anderen Europäern und Amerikanern, die sich auf Samoa niedergelassen hatten, und fand nur eine einzige Gemeinsamkeit zwischen allen: ihre weiße Haut und dass sie weit von der indigenen Inselgesellschaft aufgewachsen waren, in der sie sich nun befanden.

Manche führten sich wie kleine Könige auf. Sie wohnten in großen Häusern mit Bediensteten und legten ein Verhalten an den Tag, das er aus seiner Kindheit kannte und verachtete. Es erinnerte ihn an die Besuche der feinen Leute in Frederiksgave, vor denen sich sein Vater untertänig, fast devot, verbeugt hatte.

Andere waren wie er mit samoanischen Frauen verheiratet, in die lokale Gesellschaft integriert und hatten sich ein eigenes Leben fern der Heimat aufgebaut. Zwar genossen auch solche Einwanderer als Weiße einige Vorteile gegenüber der indigenen Bevölkerung, doch lebten sie sehr viel mehr im Einklang mit den Samoanern.

Hans Alfred platzierte Stevenson irgendwo zwischen diesen zwei Polen. Er musste zugeben, dass die Villa des Schriftstellers, die am Fuß des Berges entstand, sein Traumhaus war mit dem massiven Dach, den Glasfenstern, mehreren Veranden und vielen Zimmern.

Trotzdem konstatierte Hans Alfred schulterzuckend, dass er zufrieden mit seinem Leben war. Einmal mehr wurde ihm bewusst, dass er in Dänemark nie wirklich glücklich geworden wäre. Nur hier auf Samoa konnte er sich verwirklichen.

Die Hitze war drückend und das Licht grell, als er die Post holte und den neuesten Brief von seinem Vater öffnete. Kurz darauf fielen die ersten, dicken Tropfen. Hans Alfred stand wie gelähmt da, während der Regen die Tinte verwischte und seine Kleider durchnässte.

Tusitalaoaiga

Nach der Messe in Leloaloa folgt ein weiteres gigantisches Essen. Ich war während unserer Reise nicht einmal auf der Waage, aber es war ein erklärtes Ziel unserer samoanischen Familie, während unseres Aufenthalts dafür zu sorgen, dass wir an Gewicht zulegen. So viel zu essen und zu trinken, wie man kann, ist für sie das Zeichen, dass wir uns wohlfühlen. Und es stimmt, ich habe sicher ein paar Kilo zugelegt und fühle mich ohne Zweifel extrem willkommen.

Das Abschiedsmahl soll am selben Ort wie unser Willkommensfest stattfinden. Da wir schon vor unserer Abreise aus Dänemark auf die samoanische Geschenkkultur vorbereitet worden waren, hatten wir einen ganzen Koffer mit Präsenten und Souvenirs mitgebracht. Anstecker mit der dänischen Fahne, Bücher über Dänemark, rot-weiße Mützen, dänische Fußballtrikots, handgemachte Schmucksachen, Spielzeug für die Kinder, Süßigkeiten und einen Haufen anderer Sachen, die wir beim letzten Fest verteilen wollen.

Wir hieven den Koffer mit den Geschenken auf die Ladefläche von Filos Truck, und Andreas und Emilie dürfen noch einmal gemeinsam mit Toa darauf mitfahren. Sie sind glücklich.

Als ich den großen Festsaal betrete, verblüfft mich wieder die Größe des Buffets, doch der Tisch daneben macht mich schier fassungslos. Er quillt über von Geschenken. Von den hundert Gästen, die an unserem Abschiedsfest teilnehmen, scheint ausnahmslos jeder ein Geschenk mitgebracht zu haben.

Mein erster Gedanke ist, dass wir unmöglich alle Gaben erwidern können, mein zweiter, dass wir mindestens zwei zusätzliche Koffer brauchen, um das ganze Zeug mit nach Dänemark zu nehmen.

Der Abend beginnt mit Reden und einem Gebet von Vickie und ihrem Mann.

Während des Essens gibt es einige Programmpunkte zu Ehren von Sisse, den Kindern und mir.

Meine Familie hat fantastische Tänze einstudiert, die sie in lokalen Trachten aufführen, darunter einen langsamen, grazilen Tanz, zu dem eine meiner Cousinen die alte, traditionelle Tracht trägt, die früher den Häuptlingstöchtern vorbehalten war. Der prachtvolle rot-weiße Stoff ist mit einer goldenen Schleife in der Taille gebunden. Auf der Stirn trägt sie ein Schmuckstück aus bunten Steinen, und in ihren Haaren steckt eine große Feder. Ihre Wangen sind mit roter Farbe geschminkt, und an einer Lederschnur um ihren Hals hängt ein Walzahn. Ihre Haut glänzt von demselben Öl, mit dem auch die Knochen der Toten poliert werden.

Der Abend vergeht mit weiteren Reden, Essen, viel Essen, und diversen anderen Vorführungen. Vickie hebt hervor, dass unser Besuch in Amerikanisch-Samoa bewiesen hat, wie stark die Bande zwischen uns sind, obwohl wir uns zum ersten Mal persönlich getroffen haben. Auch Tony ist überzeugt, dass diese dänisch-samoanische Verbindung, für die Hans Alfred und Melipa seinerzeit den Grundstein gelegt haben, nun stärker als je zuvor ist und für immer bestehen wird. Fatimas Stimme setzt mehrmals aus, als sie sagt, sie hoffe, dass Sisse und ich auch wissen, wie sehr wir von unserer samoanischen Familie geliebt werden und wie wichtig unser Besuch für sie sei.

Sie ist nicht die Einzige, die an diesem Abend eine Träne vergießt, auch ich muss mehrfach zum Taschentuch greifen.

Fatima dankt mir für das Buch, das ich schreiben will, von dem auch die späteren Generationen profitieren werden.

»Jetzt verstehen wir endlich, wie unsere Familie mit Dänemark verbunden ist. Wir danken dir von ganzem Herzen dafür, dass du nach Amerikanisch-Samoa gekommen bist«, sagt sie unter Tränen.

Irgendwann fordert Fatima mich auf, auf einen Stuhl in der Mitte des Saals zu steigen. Dieses Mal bin ich besser vorbereitet und habe meine Rede parat, aber es geht um etwas ganz anderes.

Die Ältesten der Familie, die Häuptlinge, haben diskutiert, wie sie mir eine wirkliche Ehre erweisen können. Und sie sind zu dem Schluss gekommen, dass sie mir einen samoanischen Namen geben wollen.

Mein neuer Name soll Tusitalaoaiga sein.

Fatima erklärt mir, dass auch der berühmte und in Samoa hochgeschätzte schottische Autor Robert Louis Stevenson seinerzeit den Beinamen Tusitala, Verfasser von Geschichten, erhalten habe. Mein Name bekommt noch eine Ergänzung. *O aiga*, die Familie. Ich bin also der, der über die Familie schreibt.

Onkel Tony kommt mit einer großen Kette aus poliertem Kokosschalenholz zu mir, wie er sie am Morgen in der Kirche getragen hat. Und während Fatima sagt, dass ich von nun an unter dem Namen Tusitalaoaiga bekannt sein soll, legt Tony mir die Kette um den Hals und klopft mir auf die Schulter.

Sisse und die Kinder sehen mich lächelnd an. Und mir verschlägt es die Sprache. Habe ich anfangs noch gedacht, das Ganze sei ein Scherz, ist mir mittlerweile klar, wie ernst sie es meinen.

»Jetzt steh auf, Tusitalaoaiga, und umarme deine Familie mit deinem neuen Namen«, sagt Fatima, und der ganze Saal bricht in Jubel aus.

Seit jenem Tag werde ich von meiner samoanischen Familie nicht mehr Johannes genannt.

Die Zeit für meine Rede ist gekommen.

»Hello everybody. My name is Tusitalaoaiga.«

Wieder jubeln alle.

»Ich muss gestehen, dass ich nicht weiß, wie man das schreibt«, fahre ich fort. »Aber ich bin gerührt und glücklich darüber, dass ihr mir einen neuen Namen gegeben habt. Wie vieles andere, was ich hier in Amerikanisch-Samoa erlebt habe, hat mich auch das überrascht. Wäre ich doch nur früher zu euch gekommen.«

Es ist ein Abend, von dem ich wünschte, er würde nie zu Ende gehen, denn es wird wohl Jahre dauern, bis ich zurückkommen kann. Aber auch dieser Abend endet, und Sisse und ich nutzen einen Teil der Nacht zum Packen. Wir wissen kaum, wie wir all die Geschenke unterbringen sollen, obwohl Fatima uns vorausschauend einen großen, zusätzlichen Koffer besorgt hat.

Der Abschied am Flughafen ist hart. Fast alle, die am Vorabend mit uns gefeiert haben, sind gekommen, und wir umarmen uns lang und innig. Fatima, Tony, Filo und viele der anderen werden uns besonders fehlen. Andreas und Emilie haben sich eng mit ihren Cousinen und Cousins angefreundet, und Filos Sohn Toa überreicht Andreas eine Goldkette mit einem kleinen Kreuz, die er selbst viele Jahre getragen hat und die ihm viel bedeutet. Andreas versteht trotz seiner gerade mal neun Jahre den ideellen Wert des Geschenks und ist tief gerührt. Als wir in den Abflugbereich gehen, singen alle ein ruhiges Abschiedslied. Die Klänge folgen uns, als wir nach draußen gehen, und wieder rollen Tränen über meine Wangen.

Es folgt die gleiche Prozedur wie bei unserem Abflug auf

Samoa. Einer nach dem anderen werden wir nach Gewicht in der kleinen Kabine platziert. Dieses Mal darf Emilie neben dem Piloten sitzen.

»*What's your name, Sir?*«, fragt mich einer der Mitarbeiter der Talofa Airways, als ich an der Reihe bin.

»Tusitalaoaiga«, sage ich und ernte einen skeptischen Blick.

In die alte Heimat

Pächter Langkilde war nicht gesund. Die Krankheit hatte schleichend begonnen. Lange Zeit hatte er geglaubt, es handle sich um eine schwere Erkältung, aber als die Beschwerden stärker wurden, sah er ein, dass es mit ihm bergab ging. Die meiste Zeit verbrachte er im Bett, wo er auch seine Briefe schrieb.

Hans Alfred hatte seinen Vater nie so niedergeschlagen erlebt. Sein Brief zeugte von großer Trauer, und zum ersten Mal ergriff ihn eine echte Sehnsucht, den Vater noch einmal zu sehen. Der strenge Vater seiner Kindheit und Jugend war ihm durch die Briefe der letzten Jahre ans Herz gewachsen.

Die Schreiben aus Fünen waren stets höflich und respektvoll im Ton, und als sein Vater im nächsten Brief schrieb, dass er seinen Sohn gern ein letztes Mal sehen würde, stand der Entschluss fest: Er wollte so schnell wie möglich nach Dänemark reisen.

Durch seine guten Kontakte im Hafen von Apia bekam er rasch eine Passage nach Europa, und Mitte Januar 1890 verabschiedete er sich von Melipa und seinen Kindern und bestieg ein Dampfschiff mit Kurs auf Hamburg. Die Reise sollte gut zwei Monate dauern.

Seit über zwanzig Jahren war er nicht mehr auf See gewesen. Er dachte an die Fahrt über den Atlantik auf der »Ariel« 1869 und an die harten Jahre auf den Walfangschiffen, wo die Mannschaft in Hängematten unter Deck geschlafen und Privatleben ein Fremdwort gewesen war. Das schreckliche Essen, die Läuse und die Ungewissheit kamen ihm wieder in den Sinn, und es erfüllte ihn mit Stolz, mit einem modernen Dampfer zu reisen, auf dem er für eine Kajüte und ordentliche Verpflegung bezahlt hatte. Außerdem stellte er fest, dass er ein soziales Wesen geworden war und nicht mehr recht wusste, was er mit sich allein anfangen sollte.

Am Anfang mischte er sich des Öfteren rastlos unter die Mannschaft, um ihnen zur Hand zu gehen oder einfach zu plaudern, doch allmählich fand er Gefallen am Alleinsein und genoss die stille Routine, die sich um die drei Mahlzeiten des Tages drehte.

Es war Anfang März, und der Frühling ließ auf sich warten. Ein kalter Wind fegte übers Meer, und Hans Alfred griff tief in seinen Koffer, um sich warm zu halten. In Hamburg würde er einen Mantel, Socken und Stiefel kaufen müssen, ehe er sich auf den Weg nach Dänemark machte.

Als das Schiff in die Elbmündung einfuhr, stand Hans Alfred an Deck. Am Ufer sah er Höfe, Felder, Dörfer und Kirchen, die stark an Fünen erinnerten. Es war milder geworden, die Frühlingssonne schien, trotzdem wurde er so kurz vorm Ziel immer unruhiger.

Das Licht, die Luft und die Gerüche weckten Erinnerungen und Gefühle, die er erst verarbeiten musste. Ein innerer Widerstand trübte die Freude auf das Wiedersehen. Hans Alfred ging in die Kajüte, um seine Sachen zu packen.

Pächter Langkilde hatte seinem Sohn empfohlen, in Hamburg im skandinavischen Seemannsheim zu übernachten. Dann sollte er den Zug bis Padborg nehmen und von dort nach Haderslev weiterreisen, wo er sich mit einer Droschke zur Fähre von Årøsund nach Assens bringen lassen sollte, wo er abgeholt werden würde.

Hans Alfred betrachtete die Geschenke, die Melipa ihm für seinen Vater und dessen Frau mitgegeben hatte: Schmuck, Stoffe, geschnitzte Figuren und einen kostbaren Teppich. Er schloss den Koffer und versuchte, die Nervosität abzuschütteln.

Als das Schiff in Hamburg anlegte, war es dunkel. Hans Alfred zitterte in der Abendkühle. Die Lichter der Laternen und Gebäude verliehen der Stadt einen magischen Glanz. Auch nachts war Leben im Hafen, wo sich Seeleute aus aller Welt mit feilschenden Verkäufern, verwirrten Reisenden und herumlungernden Taschendieben vermischten. Die Stimmung war gleichzeitig fröhlich und aggressiv, viel heftiger, als er es von Kopenhagen in Erinnerung hatte.

Hans Alfred fühlte sich wie ein Fremder, ihm missfielen der Lärm und die vielen Menschen. Überall lungerten dunkle Gestalten, oft in Lumpen gehüllt. Schreiende Kinder liefen durch die Nacht. Er hatte sich auf einen Abend in der Stadt gefreut, er wollte umherschlendern und vielleicht ein Wirtshaus besuchen, doch stattdessen umklammerte er seinen Koffer und ging direkt zu seinem Nachtquartier, wo er todmüde ins Bett fiel.

Ein lautes Klopfen an der Tür weckte Hans Alfred. Verschlafen stand er auf und öffnete die Tür. Es war früh am Morgen, im Haus herrschte noch Stille.

»Herr Langkilde?« Der junge Bote streckte ihm ein Telegramm entgegen. Hans Alfred nahm es zögernd an und suchte nach etwas Kleingeld für den jungen Mann.

Wieder und wieder las er den kurzen Bescheid, ohne wirklich zu begreifen, was dort stand. Er war zu spät gekommen. Sein Vater, der neunundsechzigjährige Pächter und Jagdmeister Frederich Christopher Langkilde, war im Laufe der Nacht in Frederiksgave gestorben. Man schrieb den 20. März 1890.

Hans Alfred war wie versteinert, für einen Augenblick stand die Welt still.

Das Telegramm war von seinem kleinen Bruder Rudolph.

Hans Alfred wusste, dass sie ihn auf Fünen erwarteten und seine übrigen Geschwister bestimmt ebenfalls auf dem Weg dorthin waren. Das Erbe und andere Angelegenheiten mussten geregelt, die Bestattung und Trauerfeier organisiert und durchgeführt werden.

Hans Alfred atmete tief ein. Er dachte an die Tage nach dem Tod seiner Mutter: ihr lebloser Körper auf der Totenbahre, die bedrückende Stimmung, seine unglücklichen kleinen Geschwister, der schwere Sarg und das Begräbnis.

All dies sollte er jetzt noch einmal durchmachen. Diesmal mit Pouline als Hausherrin, in einem Heim, das nach seinem fünfzehnten Geburtstag nicht das seine gewesen war. Mit einer Familie, die er nie vermisst hatte. Ihm wurde so schlagartig übel, dass er es nicht mehr zum Waschbecken schaffte, ehe er sich erbrach.

Verwundert betrachtete er sich im Spiegel. Er sah in die Augen eines Mannes mit blassem Gesicht und rotem Haar, das nach allen Seiten abstand. Er wusch sich das Gesicht, kämmte sich, zog frische Unterwäsche an, wischte den Boden sauber und packte seine Sachen. Er bezahlte für das Zimmer und begab sich hinaus in die geschäftige Stadt.

Auf dem Weg zum Bahnhof Altona, wo der Zug nach Dänemark abfuhr, kaufte er einen warmen Mantel. Der Hunger meldete sich, aber er hatte keinen Appetit.

Der Gedanke an die bevorstehende Reise machte ihn unendlich müde. Aber was nutzte es? Sein Vater war tot, und er war zu spät gekommen, um Abschied zu nehmen.

Im Bahnhof herrschte großes Gedränge, die Schlange vor dem Fahrkartenschalter war lang. Als er endlich an der Reihe war, fragte der Schalterbeamte, wohin er wollte.

»Heim. Ich will heim«, murmelte Hans Alfred.

Der Beamte blickte fragend von seinen Fahrkartenrollen, Münzen und Banknoten auf.

Hans Alfred legte die Hände auf den Schalter und sah dem Mann tief in die Augen.

»Ich will nach Samoa«, sagte er.

Hans Alfred nahm seinen Koffer, machte auf dem Absatz kehrt und ging mit resoluten Schritten zum Hafen.

Das Grab

Falls ein unerwarteter Sturm unsere Reisepläne durchkreuzen sollte, habe ich vor unserem Flug nach Neuseeland drei Puffertage eingeplant. Was eine gute Idee war, da Juliet einen Tag vor der Abreise aus Amerikanisch-Samoa schreibt, dass sie und Theresa Hans Alfreds Grab in einem kleinen Dorf bei Apia gefunden haben, das Toamua heißt. Theresa hat einen Besuch dort arrangiert.

Zurück in Samoa, holen uns Juliet, Theresa und Fatima ab. In einem Leihwagen fahren wir zu dem ursprünglichen Ziel meiner Reise, Hans Alfreds Grab mit eigenen Augen zu sehen. Den greifbaren Beweis, dass er wirklich auf Samoa gelebt hat.

Deshalb bin ich ziemlich aufgeregt, als ich den Wagen vor einer bescheidenen Hütte mit verrostetem Blechdach und einer Verkleidung aus Plastiksäcken und Maschendraht parke. Juliet fordert mich auf, im Wagen zu warten, bis der Besitzer der vielen Hunde, die das Auto umkreisen und gefährlich sein könnten, da ist. Ein älterer Mann in zerschlissenem, grünem Lava-Lava, einem schmutzigen Polohemd und einer roten Mütze taucht auf und signalisiert uns, dass wir aussteigen können. Wie sich herausstellt, gehören die Hütte und das Stück Land der Familie, womit Theresa der oberste Häuptling ist. Während wir in Amerikanisch-Samoa waren, hat die Neuigkeit von meiner Suche die Runde gemacht, und so hat Theresa das Grab gefunden. Der Mann wohnt zur Miete in der Hütte.

Wir umrunden hinter der Hütte einen kleinen Palmenhain. Ich hatte mir einen großen, pompösen Grabstein vorgestellt wie die meisten, die wir auf der Insel gesehen haben, doch vor mir liegt das bescheidenste Grab, das man sich denken kann. Ein kleiner, etwa ein Meter langer und fünfzig Zentimeter breiter Betonklotz auf dem Boden, umgeben von spärlichem Gras. Ich denke, dass diese schäbige Grabstätte kaum das Grab ist, von dem der dänische Dragoner geträumt hatte.

Das provisorische Grab ist nicht die ursprüngliche Ruhestätte Hans Alfred Langkildes, klärt Theresa mich auf. Sie hat sich daran erinnert, wie ihr Vater eines Abends nach reichlichem Whiskygenuss plötzlich auf die Idee kam, Hans Alfreds und Melipas Gebeine nach Toamua umzubetten. Sie war damals sieben oder acht Jahre alt. Mitten in der Nacht zimmerte Victor Langkilde eine Holzkiste, nahm eine Schaufel und weiteres Werkzeug und begab sich mit einem herbeigerufenen Vetter zu Hans Alfreds ursprünglichem Grab. Laut Theresa lag die Familie mit einem anderen Clan im Streit um das Stück Land, auf dem wir nun stehen. Um seinen Besitzanspruch zu untermauern, hatte es Victor Langkilde sehr eilig, Hans Alfred und Melipa an dieser Stelle zu begraben. Sie wickelten die Knochen in samoanische Matten, legten sie in die Holzkiste und gossen diese in Beton. Das bescheidene Grab hat keinen Grabstein. Doch damals ging es nicht um Gefühle, sondern um Besitz und schieres Geschäft.

Ich gehe in die Hocke und fahre mit den Fingern über den Beton. Ich hatte gehofft, das Grab würde Hans Alfreds Namen tragen. In dem erodierten Beton ertaste ich ein paar Vertiefungen, die mit bloßem Auge kaum sichtbar sind. Es fühlt sich an wie ein L. Daneben findet mein Zeigefinger ein a, dann ein n, gefolgt von k-i-l und schließlich einem e. Lankile. Entweder war Victor zu betrunken, um seinen eigenen Nachnamen korrekt zu schreiben, oder Wind und Wetter haben die fehlenden Buchstaben erodiert. Ich finde kein Todesjahr,

1903, und doch bin ich sicher, dass wir Hans Alfreds Grab gefunden haben.

Ich freue mich über den unerwarteten Erfolg in buchstäblich letzter Minute und zeige den anderen unseren Familiennamen in dem ausgewaschenen Beton. Dann rede ich mit Hans Alfred, wie ich es in Amerikanisch-Samoa gelernt habe. »Endlich haben wir dich gefunden, alter Junge. Es war eine lange Reise zu dir und Melipa. Die ganze Familie ist sehr froh über alles, was du getan hast. Ohne dich hätten wir gestern Abend in Amerikanisch-Samoa kein rauschendes Fest gefeiert. Du hast Großes bewirkt.« Während ich rede, liegt meine Hand auf dem Beton.

Theresa schlägt vor, das Grab zu öffnen und den beiden eine schönere Ruhestätte mit einem richtigen Stein zu gönnen. »*When you come back*«, sagt sie, und in meinem Kopf plane ich bereits den nächsten Besuch.

Wieder zu Hause

Die letzten zwei Tage nutzen wir zum Schnorcheln und Chillen. Es tut gut, nach der ereignisreichen Reise etwas zur Ruhe zu kommen.

Der lange Flug nach Dänemark ist unruhig, wieder finden wir kaum Schlaf. Andererseits haben wir so die Gelegenheit, uns langsam auf unseren normalen Alltag einzustellen. Ich nutze die Zeit, um mit Sisse einen Vorschlag von Juliet und Theresa zu bereden. Sie haben mir einen Häuptlingstitel angeboten, den ich spontan auch gerne annehmen würde. Wenn ich das tue, müsste ich bald wieder zurückkehren, um an einer großen Zeremonie in Falese'ela teilzunehmen, bei der Leaufaamulia, Theresa und die anderen Häuptlinge des Dorfes mich einsetzen würden. Die Zeremonie würde mich etwa 15 000 Kronen kosten, außerdem müsste ich eine Reihe von handgeflochtenen Matten spenden und einen Teil des Essens zahlen. Das alles würde ich mit Freuden tun.

Während des Fluges denke ich intensiv über Theresas Angebot nach. Sisse und ich sind abwechselnd der Meinung, dass das eine wunderbare und eine total hirnrissige Idee ist.

Nach meiner Rückkehr komme ich zu dem Schluss, dass ich eine so große Verantwortung nicht übernehmen kann. Ich will den exotischen Titel nicht aus Eitelkeit oder bloßem Stolz annehmen, da ich weiß, welch wichtige Rolle die Häuptlinge in der samoanischen Kultur spielen. Und als Häuptling würde ich dieser Aufgabe auch gerecht werden wollen.

Ich kann nicht in Dänemark sein und gleichzeitig meine Meinung über Beerdigungen, Grundstückstreitereien oder

Familienzwiste kundtun. Der Titel wäre nur symbolischer Natur, und das würde Theresa enttäuschen. Deshalb lehne ich schließlich ab.

Meinen samoanischen Namen trage ich aber mit Stolz und Leichtigkeit. Er ist zu einem Teil meiner Identität geworden, und am Esstisch reden Sisse, Andreas, Emilie und ich oft über unsere Familie in Samoa und Amerikanisch-Samoa. Wir sind fest entschlossen, sie bald wieder zu besuchen.

»Reisen ist Leben«, schrieb Hans Christian Andersen etwa in der Zeit, als Hans Alfred Langkilde geboren wurde. Vielleicht hatte Hans Alfred Andersens Autobiografie *Märchen meines Lebens* gelesen, aus der das Zitat stammt, und sich vorgenommen, selbst einmal solche Abenteuerreisen zu unternehmen. Damals war die Welt noch sehr, sehr groß.

Auch ich kenne das Fernweh und spüre nach jeder Reise, wie sie mich ein wenig verändert, mal mehr, mal weniger. Als junger Mann habe ich in Frankreich gelebt, und diese Zeit hat mich als Mensch geprägt.

Ich habe viele Teile der Welt bereist und bin jedes Mal reicher zurückgekehrt. Meine Jahre in den USA mit Sisse und den Kindern waren ein Segen und gleichzeitig ein Fluch, weil ich mich jetzt beinahe täglich nach Washington zurücksehne. Diese Zeit hat mir die besten Freunde beschert, die man sich nur wünschen kann.

Auch meine Reise nach Samoa hat mein Leben verändert. Es heißt, dass die Begegnung mit einem Samoaner einen selbst zu einem besseren Menschen macht. Das kann ich nur bestätigen. Ich habe nicht nur eine Reihe von Menschen getroffen, die zufällig zu meiner Familie gehören, sondern dort eine Herzensgüte und eine Gastfreundschaft erfahren wie selten zuvor in meinem Leben. Obgleich ich mit diesen Menschen nur entfernt verwandt bin, fühle ich mich ihnen unendlich nah. Die Reise hat meinen Horizont erweitert und mein Bewusstsein verändert. Dasselbe gilt für Sisse und unsere Kinder.

Während die Eindrücke anderer Reisen nach der Rückkehr mehr und mehr verblassen und irgendwann nur noch nette Ferienerinnerungen sind, werden die Wochen auf Samoa in meinem Kopf immer präsenter. Sie haben einen deutlichen Einfluss auf mein Leben, auf das Leben meiner Familie und auf die Frage, wie wir den Rest unserer Zeit verbringen wollen.

Für mich persönlich hat die Begegnung mit meiner samoanischen Familie und der samoanischen Kultur mein Selbstverständnis als Mensch, Vater und Ehemann verändert. Ich habe am eigenen Leib erlebt, dass die Liebe zwischen Familienmitgliedern – auch entfernt verwandten – leicht, unkompliziert und intuitiv sein kann, während die Gefühle in Dänemark in der Regel der Vernunft unterstellt sind. Ich habe mich immer als Mensch gesehen, dem es leichtfällt, seine Gefühle zu zeigen, fürsorglich zu sein und für andere Menschen Verantwortung zu übernehmen. In Samoa bewegen sich diese Tugenden aber auf einem komplett anderen Niveau, und das bei Menschen, die nur über einen Bruchteil unserer Ressourcen verfügen. Mir hat das die Augen geöffnet, denn über Jahre habe ich daran geglaubt, dass das Glück von allein kommen würde, wenn ich nur genug Geld verdiene und uns einen sicheren, finanziellen Rahmen biete.

Mein Vater hat immer im Scherz gesagt, dass es trotz allem angenehmer ist, reich und glücklich zu sein als arm und unglücklich, und dagegen ist wohl kaum etwas einzuwenden. Meine Reise nach Samoa und Amerikanisch-Samoa hat mich wachgerüttelt, dass meine Richtung, wenn nicht vollkommen verkehrt, so doch fragwürdig war.

Menschen, die arme Teile der Welt bereist haben, berichten häufig von dem lebensbejahenden Erlebnis, von anderen, die nichts haben, mit Freude, Wärme und offenen Armen aufgenommen zu werden. Ich war selbst in solchen Regionen und kenne das Gefühl. Von einer Gruppe Obdachloser in Fresno, Kalifornien, habe ich gelernt, dass der Überlebenswille und der Glaube an die Zukunft auch unter den schwierigsten Rahmenbedingungen existiert. Ich ziehe den Hut vor diesen Menschen und denke noch heute oft an sie. Zu Sisse habe ich oft gesagt, dass ich mich schuldig fühle, in einem so schönen Haus zu wohnen, ein großes Auto zu fahren und genug Geld zu haben, um mir alles zu kaufen, worauf ich gerade Lust habe, während die Menschen, mit denen ich gerade zu tun gehabt hatte, auf schlechten Matratzen in einem Schuppen leben und nur zu essen bekommen, wenn sich eine private Hilfsorganisation um sie kümmert.

Alle Reisen haben Spuren in meinem Leben hinterlassen, mir meine privilegierte Lebenslage bewusster gemacht und geholfen, mich besser in die Situation anderer Menschen einzufühlen.

Aber keine Reise hat bisher meine Lebensanschauung so radikal verändert wie unsere Zeit auf Samoa. Natürlich finde ich es nach wie vor wichtig, vernünftige Entscheidungen im Hinblick auf die Ökonomie der Familie zu treffen und dem Alltag einen sicheren Rahmen zu geben. Aber das ist nicht mehr das eigentliche Ziel, nicht mehr die Hauptsache meiner Mission. Mein Eifer, so viel wie möglich aufzuhäufen und täglich zu verfolgen, ob mein Pensionsfonds oder die Immobilienpreise steigen oder sinken, ist deutlich abgeflaut. Ich fühle mich noch immer verantwortlich, kontrolliere aber ganz bewusst nicht die Entwicklung meiner Anlagen und bin endlich zu der Erkenntnis gekommen, dass unser Heim ein Zuhause und keine Investition ist.

Gleichzeitig gebe ich mehr Geld aus. Statt immer vernünftig zu sein und mich für die kostengünstigste Lösung zu entscheiden, in die billigsten Supermärkte zu gehen und mit dem Kauf neuer Schuhe zu warten, bis die alten mir von den Füßen fallen, gönne ich mir mittlerweile die etwas besseren Supermärkte, kaufe das Dressing, auf das ich Lust habe, und auch meine Schuhe sind nicht mehr ganz so ausgelatscht. Das heißt aber nicht, dass ich meinen Fokus jetzt auf das Materielle richte. Eher im Gegenteil. Ich nehme lediglich den Fuß etwas von der Bremse, genieße das Leben etwas mehr, bin weniger vernünftig und freue mich darüber, dass es tatsächlich möglich ist, schöne Dinge zu unternehmen, auch wenn sie nicht vernünftig sein mögen. Ich mache auch größere Geschenke und spende mehr an wohltätige Organisationen. Ich bin weniger auf die Zukunft fokussiert, sondern versuche stattdessen, die Gegenwart zu genießen, mehr zu teilen und die Möglichkeiten zu nutzen, die sich hier und jetzt bieten. Einen Großteil von dieser Einstellung habe ich in Amerikanisch-Samoa gelernt, von meiner Familie, die sicher nicht zur Upperclass gehört und trotzdem ein intensives, buntes, schillerndes Leben führt.

Die Großzügigkeit uns gegenüber kannte keine Grenze, und wir mussten aufpassen, nicht zu sehr von etwas zu schwärmen, weil man es uns sonst gekauft hätte. Die Aufmerksamkeit und grenzenlose Gastfreundschaft oder die Tendenz, Liebe durch Großzügigkeit zu zeigen und uns als Teil der großen *aiga* aufzunehmen, war umso überwältigender, weil wir als Dänen eigentlich die viel größere Kaufkraft haben. Und doch war es mit der Gegenleistung nicht so einfach, um unsere Dankbarkeit zu zeigen. Für sie ist meine Suche nach der gemeinsamen Familienidentität alles, worauf sie hoffen, das ist mein großer Beitrag für die Gemeinschaft. Der Ansatz, im Hier und Jetzt zu leben, die Familie über alles andere zu stellen und zu teilen, was man hat, um so wahre Freude zu empfinden, war sehr lehrreich für mich und hat mein

Leben auf eine andere Schiene gebracht. Es hat Sisse und mich veranlasst, in unserem Leben aufzuräumen, mit weniger auszukommen und vielleicht sogar in ein billigeres Haus zu ziehen, um mehr Geld zum Reisen zu haben. Ein Gedanke, den sicher schon viele vor uns hatten, den wir jetzt aber tatsächlich in Angriff nehmen wollen. Es geht nicht nur um ein Umdenken in der Familienökonomie, um mehr Geld für anderes zu haben, sondern vor allem um das mentale Aufräumen. In Amerikanisch-Samoa haben wir unfassbar unvoreingenommene und herzliche Menschen kennengelernt, die uns mit offenen Armen aufgenommen und mehr Zeit darauf verwendet haben, über das Leben, den Glauben und die Existenz zu reden, als ich es je in Dänemark erlebt habe. Vielleicht liegt es daran, dass sie weniger haben, was sie belastet. Sowohl mental als auch physisch. Ich habe erkannt, dass das Anhäufen von Geld und das Sparen auf eine finanziell unabhängige Zukunft nicht automatisch ins Glücksnirwana führt. Das wahre Glück, dieses Gefühl, das im Bauch kribbelt und Ruhe, Hoffnung und Entspannung schenkt, haben wir bei meiner samoanischen Familie erlebt, die alles andere als finanziell unabhängig ist. Juliet, Theresa und Fatima haben ganz offen über ihre wirtschaftlichen Probleme gesprochen. Im Gegensatz zu meiner Familie in Amerikanisch-Samoa haben sie selbstverständlich erwartet, dass wir für alles bezahlen und gerne noch ein bisschen mehr geben. Weil wir es können. Ebenso offen und glaubwürdig haben sie aber auch darüber gesprochen, dass sie wegen ihrer finanziellen Nöte nicht weniger glücklich oder dankbar dafür sind, in Samoa zu leben. Juliet hat sich ganz bewusst gegen ein Leben in Neuseeland entschieden, wo sie ein paar Jahre gelebt und gearbeitet hat und finanziell deutlich unabhängiger war. Die Spontaneität, der Kontakt zu ihrer Mutter, die samoanische Kultur und das Nichtvorhandensein der Einschränkungen, wie man sie häufig in perfekt funktionierenden Gesellschaften findet, waren für sie wichtiger als Arbeit und Wohlstand. Mich hat das zum Nachdenken angeregt, und ich muss eingestehen, dass ich den Gedanken gleichermaßen faszinierend und beängstigend finde. Juliet ist beständig in Geldnot, was sie ändern könnte, würde sie zurück nach Neuseeland gehen, doch dort würden ihr die Leichtigkeit und die mentale Freiheit fehlen, die Samoa seinen Einwohnern schenkt.

Mein Blick auf das Leben und meine Vorstellung vom Glück haben sich entschieden geändert. Ebenso unser Verständnis von Familie. *Aiga.*

Seit wir Eltern sind, haben Sisse und ich versucht, einen verlässlichen Rahmen für Andreas und Emilie zu schaffen, ihnen Liebe und Fürsorge zu schenken und sie sicher durchs Leben zu lenken, wobei sie eigene Erfahrungen machen und auch mit Widerständen klarkommen müssen. Wir waren sehr bedacht darauf, ihnen das Beste zu ermöglichen, was wir ihnen geben können. Natürlich mussten auch wir einen Teil der Verantwortung für sie abgeben, wir haben aber versucht, immer alles unter Kontrolle zu haben. In Samoa und Amerikanisch-Samoa haben wir das alte Familienmuster erlebt, in dem die gesamte Familie in einem weitaus höheren Grad als bei uns die Erziehungsverantwortung trägt oder mitträgt. Schon im Alter von wenigen Monaten übernimmt die große *aiga* in Person von älteren Geschwistern, Vettern, Cousinen, Onkeln und Tanten eine Rolle in der Erziehung und im Alltag der Kinder. Über die Generationen hinweg ist das ein Sicherheitsanker, wenn ein Elternpaar zu streng ist oder ihnen die elterliche Kompetenz generell fehlt. Dann springt die *aiga* ein, hilft, unterstützt. Noch heute ist es in beiden Samoas die Norm, dass die Kinder mehrere Familienmitglieder als Erzieher, Vertraute und nahe Bezugspersonen haben.

Ich wünsche mir in Dänemark schon lange mehr persönliche Verantwortung und weniger Abschieben auf den Staat oder die Kommune. Dass wir Fürsorge und Nächstenliebe nicht in hohem Grad der Gesellschaft und dem Staat überlassen und damit die Menschen aus der Pflicht nehmen. Schließlich war die Großfamilie auch im Westen über Generationen hinweg die Gemeinschaft, die sich um ihre Angehörigen gekümmert hat.

Die Wohlfahrtsgesellschaft hat ganz klare Vorteile, und es gibt kaum einen Ort auf der Welt, wo das Sicherheitsnetz so feinmaschig ist wie bei uns, was gut und richtig ist. Ich denke aber nicht erst seit gestern, dass es auch eine Kehrseite der Medaille gibt. In den USA haben wir erlebt, wie das Fehlen eines feinmaschigen sozialen Sicherheitsnetzes die Menschen dazu zwingt, mehr Verantwortung zu übernehmen. Für den älteren Nachbarn, der Hilfe beim Einkaufen braucht. Für alleinstehende Eltern, die vielleicht mal eine Weile bei einem ihrer Kinder wohnen müssen, um wieder gesund zu werden. Für Fremde, denen Geld für Nahrung fehlt und denen die Gesellschaft nicht im selben Umfang hilft, wie wir es aus Ländern mit hohen Steuern kennen.

Ich würde mir einen Mittelweg wünschen, in dem die Gesellschaft den Bedürftigen im höchstmöglichen Maße hilft, in dem wir aber auch als Einzelpersonen aktiv an der Gemeinschaft teilhaben und fürsorglich miteinander umgehen. Genauso machen es die Menschen in Samoa, zum einen, weil es in ihrer Kultur verankert ist, zum andern, weil das soziale Netz sehr löchrig ist. In Amerikanisch-Samoa haben die USA die Institutionen, die Normen und Gesetze geprägt. Das soziale Sicherheitsnetz ist dort engmaschiger als in Samoa, aber auch nicht besser als auf dem amerikanischen Festland. Dass man sich in der Familie umeinander kümmert, insbesondere um die Alten und Kinder, ist vor allem auf die traditionelle Kultur zurückzuführen. Dieses Verbundenheitsgefühl, das fest zur *aiga* gehört, habe ich wirklich schätzen gelernt. Es geht darum, die Position der eigenen Familie zu sichern und zu entwickeln, sich um die Alten zu kümmern, die Kinder zu erziehen, anderen in Not zu helfen und in der Gemeinschaft Gott zu ehren. Diese Mischung aus persönlichem und staatlichem Engagement hat etwas mit unserer Perspektive auf das Leben gemacht. Plötzlich könnten wir uns wieder vorstellen, mit unseren Eltern zusammenzuziehen und ein Heim für mehrere Generationen zu schaffen. Außerdem sind wir uns wieder bewusster über die wichtige Rolle geworden, die ältere Generationen bei der Erziehung unserer Kinder spielen. Nicht nur, um eine breit gefächerte Erziehung sicherzustellen, sondern auch für das Gefühl, Teil einer größeren Einheit zu sein, einer Großfamilie, eines Clans. Einer *aiga*. Sisse und ich leben heute in der beruhigenden Gewissheit, dass wir, sollte uns ein unvorstellbares Unglück widerfahren, jederzeit ein Flugticket nach Amerikanisch-Samoa kaufen und Geborgenheit bis ans Ende unserer Tage finden könnten. Unsere Verwandten würden für uns sorgen, uns helfen, uns ein neues Dasein in einer liebevollen Gemeinschaft schenken. Natürlich hoffen wir, dass es niemals so weit kommt, aber die Gewissheit ist fantastisch und spendet eine unglaubliche Ruhe. Seitdem reden wir nicht mehr nur im Spaß über die Möglichkeit, nach Samoa oder Amerikanisch-Samoa zu ziehen und unser Leben von Grund auf umzukrempeln. Als ich Sisse das am Ende unserer Reise vorgeschlagen habe, war sie noch äußerst skeptisch. Das hat sich mittlerweile geändert. Inzwischen überlegen wir ernsthaft, für längere Zeit nach Samoa zu ziehen und mit Haut und Haar in die dortige Kultur einzutauchen, Teil unserer *aiga* zu werden, die Sprache zu lernen und der Frage auf den Grund zu gehen, ob das Leben, das wir heute leben, wirklich optimal ist.

Begegnung mit Gott

Unsere Reise hat uns Kontakt zu vielen fantastischen Menschen beschert, sie hat uns aber auch einer Instanz nähergebracht, die in unserer Familie bis dato ziemlich diffus war: Gott.

Ich war in meiner Kindheit in verschiedenen Kirchen, habe eine Unzahl von Kirchenkonzerten gespielt und liebe die Musik. Meine Mutter ist Organistin, und unsere Kinder sind beide getauft. Ich würde mich selbst am ehesten als Kulturchristen bezeichnen. Als jemanden, der die Werte schätzt, die Kulturgeschichte, die Moral und die Gemeinschaft, ohne sich voll und ganz zu der Essenz der vier Evangelien und zum Glauben an Gott zu bekennen. Seit unsere Kinder klein sind, reden wir immer wieder über existenzielle Glaubensfragen. Ich bin zwar kein praktizierender Christ, was aber nicht heißt, dass ich nicht an irgendetwas glaube. Ich glaube an das Gute, an die Liebe und an eine sammelnde, vereinende Kraft, die uns Menschen miteinander verbindet. Wenn man das Gott nennen will, glaube ich an Gott. Darüber haben wir auch mit Andreas und Emilie gesprochen. Nicht überraschend sehen sie die Dinge ähnlich, ohne dass wir sie irgendwie unter Druck gesetzt hätten.

Mit anderen Worten sind also vier skeptische Kulturchristen auf eine Gruppe von Südseeinseln gefahren, auf denen der Glaube, die Religion und Gott allgegenwärtig sind. Anfangs waren wir überrascht, ja verwundert über den starken Fokus auf die Religion. Gottes Allgegenwärtigkeit in allen alltäglichen Dingen amüsierte uns. Als ich vor unserem Flug von Samoa nach Amerikanisch-Samoa eine Nachricht von Fatima erhielt, die uns schrieb: »*May God take the wheel*«, habe ich ihr geantwortet, dass es mir lieber wäre, der Pilot flöge das Flugzeug. Natürlich war das flapsig und spaßig gemeint, aber die Antwort hat mich verfolgt und mir ein schlechtes Gewissen gemacht, weil ich auf diese Weise das von Herzen kommende Gebet ins Lächerliche gezogen habe. Ich hatte nicht die Größe, mich über meine persönliche Definition des Glaubens hinwegzusetzen und zu erfassen, was er für andere Menschen bedeutet. Diesen Fehler würde ich heute nicht mehr begehen.

Nun sind wir nicht zu eifrigen Kirchgängern geworden, haben aber trotzdem eine gewisse Spiritualität im Gepäck. Dass ich nach meinem Gespräch mit Vickie spontan »*God bless you too*« gesagt habe, hat mich im Nachhinein nicht losgelassen. Mittlerweile kann ich aber akzeptieren, dass meine Skepsis gegenüber Autoritäten und Institutionen, die Erwachsenen vorschreiben, wie sie zu leben haben, den Glauben an die Existenz von etwas Göttlichem nicht unbedingt ausschließt. Meine Skepsis gegenüber der Religion hat auch mit all den Kriegen und dem Leid zu tun, die ein fundamentalistischer Glaube mit sich bringen kann, und das gilt für alle Religionen. Der Journalist in mir sah lange keinen Sinn darin, sich zu irgendetwas zu bekennen, das weder gemessen noch gewogen werden kann, das man weder recherchieren noch dokumentieren kann. In Samoa und Amerikanisch-Samoa habe ich aber gesehen, wie friedlich und schön Religion sein kann. Wie sie helfen kann, eine einzigartige Kultur zu bewahren und zu schützen, genau wie Vickie es gesagt hat. Und wie die Religion und der Glaube an Gott der kleinen Inselgemeinschaft helfen können, die Größe des Lebens zu sehen, auch wenn die Inseln sehr klein sind und man auf der einzigen Straße immer wieder hin und her fährt.

Sisse erzählt immer wieder, dass sie Gott in Amerikanisch-Samoa tatsächlich begegnet ist.

Es war ein warmer, sonniger Nachmittag, und während ich mich in meine Arbeit vertieft hatte, war Sisse mit den Kindern in der kleinen Bucht vor unserem Hotel schnorcheln gegangen. Es war Ebbe, und die schönen Korallen lagen nur einen Meter unter der Wasseroberfläche. Das Riff war ein Paradies aus Fischen und allerlei anderen Meerestieren, die sie durch ihre Taucherbrillen beobachten konnten. Aufmerksam verfolgten sie, wie die Fischschwärme auf die unterschiedlichen Strömungen reagierten. Tausende von Geschöpfen tanzten vor ihren Augen. Als Sisse den Kopf hob, den Schnorchel aus dem Mund nahm und die Taucherbrille absetzte, kam ein Riesenvogel von den Bergen hinter dem Strand nach unten geschossen und segelte über das Wasser. Hinter dem Vogel folgten Hunderte von großen Fledermäusen. In diesem Moment, sagt Sisse, habe die Welt stillgestanden. Sie habe eine unglaubliche Ruhe gespürt und sei von einer grenzenlosen Dankbarkeit durchströmt worden. Sie hat dort im Wasser Gott gesehen.

Noch vor wenigen Jahren wäre ich ihrer Geschichte mit höflicher Skepsis begegnet, während ich heute nicht eine Sekunde daran zweifle, dass sie an diesem Tag wirklich Gott gesehen hat. Ich glaube, dass wir in den Tagen und Wochen in engem Kontakt mit tiefreligiösen Samoanern Schicht um Schicht unsere Voreingenommenheit abgelegt haben und dadurch in der Lage waren, einen Gott zu verstehen und zu fühlen, gegen den wir bislang höchst skeptisch eingestellt waren. Weit entfernt von der Ordnung Dänemarks, dem sozialen Sicherheitsnetz und dem materialistischen Füllhorn wurden wir beinahe gezwungen, Stellung zu unserer inneren Welt zu beziehen. Ich glaube, dass Sisse deshalb bereit war, in dem großen Vogel und den Fledermäusen Gott zu erkennen.

Sehnsucht

Während Sisse und ich heute eine viel größere innere Gelassenheit und deutlich mehr Klarheit haben, wie der weitere Weg unserer Familie aussehen soll, hat unsere Reise auch ein entgegengesetztes Gefühl in mir geweckt. Eine Sehnsucht. Ich war immer schon ein Träumer, aber seit der Begegnung mit Samoa und Amerikanisch-Samoa steht mein Leben quasi auf dem Kopf. Es ist weniger als ein alles zerstörender Vulkanausbruch, sondern eher wie eine Reihe kleinerer Erdbeben in meinem Inneren. Viele Puzzlesteinchen sind an ihren Platz gefallen, während andere verschoben wurden. Ich bin froh und dankbar für diese neue Perspektive und weiß, dass wir zurückmüssen, sobald sich die Gelegenheit bietet. Ich will meiner Familie dafür danken, dass sie meinem Leben eine neue Dimension gegeben hat. Mit diesem Buch, in dem sie in ihrer Sprache über ihre Herkunft lesen können. Vielleicht kann ich ihrem Leben auf diese Art auch eine neue Dimension hinzufügen. Es ist eine symbolische Handlung, aber es ist mein persönlicher Beitrag zu meiner *aiga*. Vielleicht kehren wir tatsächlich mit dem Plan zurück, uns für eine längere Zeit auf den Inseln niederzulassen. Vielleicht war es ein Fehler, den Häuptlingstitel auszuschlagen, das möglicherweise letzte Puzzlesteinchen, das noch seinen Platz bekommen muss.

Wenn ich in meinem Garten im Norden Kopenhagens stehe und in den nördlichen Sternenhimmel blicke, denke ich, dass unter demselben Himmel auf der anderen Seite der Erde unser Leben eine unerwartete Wendung nahm.

Ich nehme mein Handy, suche Filos Nummer heraus und rufe ihn an.

»Hey, *uso**«, kommt es vergnügt vom anderen Ende der Welt, und Filos Gesicht taucht auf dem Display auf.

»*How are you doing?*«, fragt er, und noch ehe ich antworten kann, hat er schon die nächste Frage gestellt: »*I miss you. When will I see you again?*«

Früher, als du denkst, lieber Vetter, denke ich, blicke lächelnd auf das Display und fröstele in der abendlichen Kälte. »Früher, als du denkst.«

* Samoanisch für Bruder/Freund

Danksagung

Dieses Buch konnte nur entstehen, weil viele Menschen kompetent und großzügig dazu beigetragen haben. Die Idee keimte schon viele Jahre in mir, und ich habe mehrmals mit der Arbeit begonnen, doch zur Vollendung waren manch liebevoller Schubs und viel praktische Hilfe notwendig. Ich danke allen, die auf ihre Weise dazu beigetragen haben, von ganzem Herzen.

Der größte Dank gilt meiner gesamten samoanischen *aiga*, die liebevoll und engagiert unsere Reise organisiert und begleitet hat. Sie haben uns gezeigt, dass Familienbande keine Grenzen kennen und wir immer ein Heim in Amerikanisch-Samoa haben werden.

(In alphabetischer Reihenfolge)

Anders Errboe, diesem unentbehrlichen, lebendigen Nachschlagewerk in Sachen Geschichte.

Anders Kjær für seine militärischen Kenntnisse.

Andreas Fugl Thøgersen, der von Anfang an an das Projekt geglaubt hat.

Andreas & Emilie Langkilde, die endlose Stunden mit der Suche nach Gräbern und historischen Stätten in Samoa und Amerikanisch-Samoa verbracht haben, obwohl Schnorcheln doch viel lustiger gewesen wäre.

Ann Selchau für das Ausleihen einiger Gemälde.

Anny Graae Bennicke für die grafologische Analyse.

Berith Bager Nielsen für kompetentes Korrekturlesen und die Einführung in die Syntax dänischer Nebensätze.

Bettina Kjærulff-Schmidt für ein schönes Buch.

Birthe Melgård, die als kompetente und wohlgesinnte Redakteurin das Buch sicher ans Ziel gebracht hat.

Cathrine Errboe als beste Freundin und Co-Autorin, die man sich wünschen kann. Für endlose Gespräche, Lachen, das Teilen von Freude und Frustration, und weil sie im Herzen Samoanerin ist.

Cecilie Langkilde Lauesen, weil sie mit mir auf die andere Seite der Erde geflogen ist, um ein unvergessliches Familienerlebnis mit uns zu teilen, und weil sie die beste kleine Schwester der Welt ist.

Charlotte Langkilde, die mit Rat und Tat zur Seite gestanden und mir wichtige Quellen gezeigt hat.

Elsebet Errboe, Jane Gisselmann, Sune Aagaard und Bente Hatting Gjelten für kluge und kritische Augen auf den Text.

Fagafaga Daniel Langkilde, diesem charismatischen und liebenswerten Menschen, der mir von der ersten Minute an nahegebracht hat, dass ich meine samoanische Familie kennenlernen und dieses Buch schreiben müsse. Ohne Daniel wäre es vielleicht bei der Idee geblieben. Der dänische Titel (»Mein Vetter ist Häuptling in Samoa«) ist ihm gewidmet.

Der Familie Langkilde sowohl in Dänemark als auch im Ausland für die vielen, wichtigen Fragmente von Wissen und die Unterstützung des Projektes.

Fatima Langkilde, für ihre Liebenswürdigkeit und ihren Humor. Sie war eine wichtige Triebfeder bei der Entstehung des Buches und hat mit der ganzen Familie unseren Aufenthalt in Amerikanisch-Samoa zu einem unvergesslichen Erlebnis gemacht. *God is great – always.*

Filoisamoa Langkilde, meinen *uso* und einen der zähesten Menschen, die ich kenne. Für seinen ansteckenden Humor, seinen Enthusiasmus für das Buch, und weil Emilie und Andreas auf der Ladefläche seines Pick-ups fahren durften.

214

Hans Alfred Langkilde für sein Fernweh und dafür, dass er mit Melipa an einem der exotischsten Orte der Welt einen wunderbaren Zweig unserer Familie gegründet hat.

Henrik Thrane für die geduldige Einführung in das Leben und Wirken Frederich Christopher Langkildes.

Juliet McCarthy für ihren eifrigen Einsatz als *executive research assistant*. Sie hat viele Tage mit uns in einem Auto auf löchrigen samoanischen Straßen verbracht, auf der Suche nach Informationen über Hans Alfred und Melipa.

Klitgården für den Arbeitsaufenthalt.

Kristian Märker Ehnhuus Langkilde für seine aktive Unterstützung dieses Projektes, und weil er mich an jenem Tag in Philadelphia mit Fagafaga Daniel zusammengebracht hat.

Leilua Mase Akapo für ihre Gastfreundschaft in Amerikanisch-Samoa.

Lise Langkilde, weil sie chronisch positiv, ewig hilfsbereit, ein toller Mensch und die beste Cousine ist.

Maggie Brøndum Skipper für die Bildersuche.

Maria Fatima Tupuola-Maiava, weil sie uns auf Samoa herumgeführt und zu wichtigen Orten und interessanten Menschen gebracht hat.

Niels Jørgen Langkilde als fleißiger Sammler der Familie, für viele gute Gespräche, Familiengeschichten und andere Überlegungen.

Niels Langkilde Lauesen, der mir von den samoanischen Häuptlingen erzählt hat, als ich Kind war. Außerdem hat er viele Stunden mit dem Entziffern alter Logbücher verbracht.

Ole Plum für das Foto der Familie Langkilde in Frederiksgave.

Ole Sønnichsen für das Auffinden des Dampfschiffs »Ariel«.

Philip Heath für sein Talent bei der Archivsuche in aller Welt und die lebhafte Mitteilung der Ergebnisse.

Sisse Langkilde, die mich jahrelang aufgefordert hat, dieses

Buch zu schreiben. Weil sie die Reise nach Samoa und viele Gedanken mit mir geteilt hat und in allen Belangen eine unentbehrliche Stütze war.

Theresa McCarthy, weil sie uns in Samoa Türen geöffnet und zu Hans Alfreds und Melipas Grab geführt hat.

Tony Langkilde, weil er so cool ist, dass es fast wehtut, für sein fantastisches Grinsen, sein Engagement, seine Herzenswärme und weil er *my man* ist.

Tricia Young-Fiaui für ihren großen Einsatz bei der Planung und Durchführung unseres Aufenthalts in Amerikanisch-Samoa.

Troy Gentles für sein endloses Wissen über die Familie Langkilde auf den samoanischen Inseln und im Rest der Welt.

Tuala Hjarnø für die schönen Fotografien und weil sie fast eine Verwandte in Samoa ist.

Ulrich Alster Klug, der auf professionelle Weise in Archiven gegraben und wichtige Details über Hans Alfred gefunden hat.

Vaitoa Hans Langkilde, der uns sein Heim in Amerikanisch-Samoa geöffnet hat und eine tragende Kraft in der Familie ist. Für die vielen guten Gespräche.

Vickie Teumalo Haleck und Otto, weil sie viele Gedanken über Leben, Tod und Glaube mit mir geteilt haben.

Vivian Hvenegaard für den Ideenaustausch.

Quellenverzeichnis

Monografien:

Andersen, Frits: *Sydhavsøen – nydelsens geografi*, Aarhus Universitetsforlag.

Buk-Swienty, Tom: *Schlachtbank Düppel. Geschichte einer Schlacht. 18. April 1864*, Osburg Verlag.

Duedahl, Poul: *Grænseland*, Gads Forlag.

Evotia, Taniua, u. a.: *Samoa: Pacific Pride*, Polynesian PR.

Farrell, Joseph: *Robert Louis Stevenson in Samoa*, Quercus Publishing.

Henningsen, Henning: *Sømandens våde grav*, Museet for Søfart.

Hvenegaard, Vivian: *Fruentimmerne fra Pallehuset*, Hvenegaards Forlag.

Kløvedal, Troels: *Hvad sang sirenerne*, Gyldendal.

Langkilde, Hans Erling: *Fæstegård og Herresæde*, Arkitektens Forlag.

Neiindam, Robert: *Grevinde Danner*, Politikens Forlag.

Nielsen, Aage Krarup: *Aloha – en sydhavsfærd*, Saga.

Stuebel, C.: *Tala o le Vavau. Myths, Legends and Customs of Samoa*, A.H. & A.W. Reed.

Thrane, Henrik, und Holten, Birgitte: *Kongen, Jægermesteren og Livsskytten – Frederik den Syvendes arkæologiske mani*, Nationalmuseet.

Sønnichsen, Ole: *Rejsen til Amerika*, Gyldendal.

Pedersen, Sune Christian: *På liv og død: Duellens historie i Danmark*, Gyldendal.

Artikel:

Beck, Mikkel Andreas: »Forfatter: Fortællingen om Sydhavet havde et revolutionært potentiale«, *Kristeligt Dagblad.*

Blüdnikow, Bent: »Sådan døde de danske konger«, *Berlingske Tidende.*

Lerbech, Karen: »Da danskerne udvandrede«, *webdok, dr.dk.*

Young, Gitte: »Striden om æren«, *Kristeligt Dagblad.*

Diverse Artikel und Notizen aus den Archiven folgender Zeitungen:

Lolland-Falster Stifts-Tidende, Aarhus Stifts-Tidende, Fyens Stifts Avertissementstidende, Sorø Amtstidende, Skive Avis.

Weitere Quellen:

Bo Poulsen, Professor, ph.d. & dr. phil., Aalborg Universitet.

Max Veltze, Presse-/Informationsoffizier, Jydske Dragonregiment.

Mette Solberg Tamborg, Bibliotekarin, Odense Katedralskole.

Mikkel Venborg Pedersen, ph.d. & dr.phil., Nationalmuseet.

Niels Hartvig Andersen, Landesvormann Danmarks Veteraner.

Peter Andreas Toft, Museumsinspektor, ph.d., Nationalmuseet.

Simon Papousek, cand.mag., Forsvarsakademiet.

Internet:

arkiv.dk
britannica.org
britishempire.co
cccw.cam.ac.uk/archives/
danishmuseum.org
danmarkshistorien.dk
fak.dk
faktalink.dk
hagenskovgods.dk
historienet.dk
kongernessamling.dk
kulturarv.dk
leksikon.org
lex.dk
natmus.dk
samoa.travel
thecoconettv.org
whalingmuseum.org
wikipedia.org

Andere:

1864-arkivet, Historiecenter Dybbøl Banke
Landsarkivet Odense
Museum of Samoa
Museum Vestfyn
New Bedford Whaling Museum
Odense Magistrat

MIRIAM LANCEWOOD

In der Wildnis bin ich frei

Mein Leben in den
Wäldern Neuseelands

Miriam Lancewood arbeitet als Lehrerin in Neuseeland, als sie beschließt, ein einfaches Nomadenleben in der Wildnis zu leben. Gemeinsam mit ihrem Ehemann Peter verkauft sie Hab und Gut, kündigt den Job, die Wohnung, um mit Rucksack, Zelt und Proviant in die raue Bergwelt der Südinsel zu ziehen.

Aus den geplanten zwölf Monaten werden sechs Jahre, in denen es ihr immer leichter fällt, auf die Bequemlichkeiten der Zivilisation zu verzichten und sich im Gegenzug auf den ureigenen Rhythmus der Natur einzulassen, fernab vom strukturierten Arbeitsalltag mit seinen gesellschaftlichen Konventionen. Sie genießt die Einsamkeit inmitten einer unberührten Natur und führt ein erfülltes Leben in grenzenloser Freiheit.

»Ein spannendes Leben, eine endlose Reise –
und ein täglicher Überlebenskampf.«
www.brigitte.de

CHRISTINA KLEIN

Roadtrip mit Emma

1 Van, 2 Verliebte und 40 000 Kilometer
bis ins tiefste Sibirien

»Sollen wir den Rest unseres Lebens jeden Tag auf Bürowände starren – die einzige Abwechslung Partys und Konsum?« Als Christina Klein und ihr Freund Paul keine befriedigende Antwort auf diese Frage finden, beschließen sie, ihren Alltag hinter sich zu lassen. Sie bauen einen uralten, knallorangen Mercedes Camper – Emma genannt – aus und begeben sich auf eine abenteuerliche Reise.

40 000 Kilometer legen sie so zurück von Transnistrien über Tschetschenien bis zu Christinas Großmutter in Sibirien. Mit Humor und Leichtigkeit erzählt Christina Klein von skurrilen Begegnungen, von kleinen und großen Abenteuern, vom Fahrtwind, der ihre Reise- und Lebenspläne durcheinanderwirbelt, und von der Freiheit, die auf der Straße liegt.